———————— 님의 소중한 미래를 위해

이 책을 드립니다.

너무
재밌고
유익하고
신박하다!

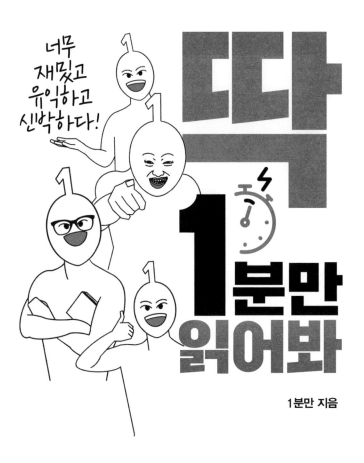

딱

1분만
읽어봐

1분만 지음

메이트북스

메이트북스 우리는 책이 독자를 위한 것임을 잊지 않는다.
우리는 독자의 꿈을 사랑하고,
그 꿈이 실현될 수 있는 도구를 세상에 내놓는다.

딱 1분만 읽어봐

초판 1쇄 발행 2022년 11월 20일 | **초판 5쇄 발행** 2024년 4월 1일 | **지은이** 1분만
펴낸곳 (주)원앤원콘텐츠그룹 | **펴낸이** 강현규·정영훈
편집 안정연·최주연 | **디자인** 최선희
마케팅 김형진·이선미·정채훈 | **경영지원** 최향숙
등록번호 제301-2006-001호 | **등록일자** 2013년 5월 24일
주소 04607 서울시 중구 다산로 139 랜더스빌딩 5층 | **전화** (02)2234-7117
팩스 (02)2234-1086 | **홈페이지** www.matebooks.co.kr | **이메일** khg0109@hanmail.net
값 16,500원 | **ISBN** 979-11-6002-386-2 03900

돈이면 이 세상 모든 것을 다 살 수 있다.
그러나 한 가지 살 수 없는 것이 있으니
그것은 바로 상식이다.

• 탈무드 •

1분이라는 짧은 시간에
가치를 담았습니다!

1분이라는 시간은 매우 짧습니다. 대부분 사람은 '그깟 1분쯤이야'라고 쉬이 느끼는 시간이죠.

하지만 시청자들에게 전달된 60개의 1분은 1시간이 되고, 나아가 하루, 그리고 그 이상의 시간이 될 것입니다. 그 시간 속에서 시청자들은 저희가 전달하고자 했던 가치를 느끼길 바랍니다.

저희는 그 1분이라는 짧은 시간, 여러분의 하루에 어떤 가치를 전달할지 끊임없이 고민하고 생각합니다. '즐거움' '지식' '기다림'이 저희가 전달하고 싶은 가치입니다.

하루 중 짧은 1분의 웃음은 일상의 '즐거움'이라는 가치가 될 것이고, 영상 속 정보는 생활의 궁금증을 해결할 '지식'이 될 테고, 이 마음이 전달되기 원하는 '1분만'과 하루의 즐거움을 기대하는 '시청자'는 서로 '기다림'이라는 가치를 공유하게 될 것입니다.

'1분만'은 단순 지식만을 전달하는 채널에 머물고 싶지 않습니다. '가랑비에 옷 젖는 줄 모르듯' 세상의 많은 사람이 1분이라는 매우 짧은 시간 동안 저희의 '즐거움' '지식' '기다림'에 젖어가면 좋겠습니다.

저희는 앞으로도 짧은 시간에 더 많은 가치를 전달할 수 있는 '딱 1분'에 집착할 것입니다. 1분이라는 시간이 담을 수 있는 콘텐츠와 나눌 수 있는 가치에는 한계가 없다는 것을 증명하고 싶습니다.

차례

3장

갑자기 그 이유가 궁금하지?

4장

재미있고 신기한 세상 소식

5장

알고 보니 다 이유가 있더라

6장

딱 1분 만에 궁금증이 풀린다

1장

1분 만에
호기심 싹 해결

Just 1 minute

00:00

1분 만에
잠드는 방법

⏱ 딱 1분만
1 집중해서 읽어봐

이대로만 따라 하면

어디서든 1분 만에 잠들 수 있어.

당장은 힘들겠지만,

꾸준히 연습하다 보면

원할 때 바로 잠들 수 있을 거야.

먼저 가장 편안한 옷을 입고

편한 자세로 바로 누워서 눈을 감아.

이마, 눈, 혀, 턱, 뺨 순으로

천천히 얼굴의 힘을 빼.

그리고 어깨의 힘을 풀어서

어깨가 더 아래로 내려가게 늘어뜨려.

그 뒤엔 팔뚝, 손목, 손가락, 허벅지,

종아리, 발목, 발가락 순으로
최대한 힘을 빼야 해.

온몸의 모든 근육의 힘을 빼는 거지.
평소에 누워 있는 정도 말고
더 편해질 수 없을 만큼
몸에 힘을 빼봐.

여기까지 따라 왔으면
천천히 심호흡을 하는 거야.

　　　　　　　　입을 다물고 코로 숨을 들이마신 뒤
　　　　　　　　　　　4초 동안 멈췄다가
　　　　　입을 오므린 상태로 천천히 숨을 내쉬어.

이러면서 상상을 하는 거야.
햇볕이 내리쬐는 들판 위에
누워 있는 상상 같은 거.
해먹 위에 누워서
엄청나게 어두운 밤하늘을 바라보는 상상 같은 거.
일이나 공부 생각 같은 건 하지 말고!

그럼 좋은 꿈꾸길 바랄게.
다들 잘 자.

□□:□□

1분 안에 잠자리에서
일어나는 법

1 딱 1분만
집중해서 읽어봐

아침에 일어나려면 진짜 지옥이잖아.
이불 속에서 진짜 나가기 싫어서
항상 '5분만'을 되뇌며 알람 시간을 바꾸게 되지.
이럴 때 어떻게 하면 빨리 일어날 수 있을까?

일단 전날부터 수면 시간을 맞춰야 하는데,
sleepyti.me라는 홈피에 들어가서
기상할 시간을 선택하면
적절한 취침 시간을 알려주니
이때를 최대한 맞춰서 자는 거야.
그럼 깊은 잠이 들었을 때가 아닌
얕은 잠에 빠졌을 때 일어나는데,
훨씬 개운한 상태로 일어날 수 있어.

잠에 빨리 들기가 힘들다면
앞 칼럼에서 알려준
1분 만에 잠드는 방법을 참고해봐.

그리고 다음으로 준비해야 할 것이 휴대폰의 위치야.
휴대폰은 절대 머리맡에 두면 안 되고,
조금 멀리 있는 책상 위에
물 한 잔과 함께 놔두고 자는 거야.
그럼 아침에 알람을 끄기 위해
일어나서 책상까지 걸어가야 하고
그 사이에 잠이 어느 정도 깰 수 있어.
그리고 알람을 끄면서
휴대폰 옆에 있는 물을 한 잔 마시고
바로 커튼을 치고 불을 켜면
1분 안에 기상이 완료되지.
여기서 중요한 건
이런 행동을 할 때 눈을 감는 게 아니라
어떻게든 눈을 뜨려고 노력하는 거야.

그렇게 일어나서 바로 양치질과 샤워를 하고 나면
입안의 박하 향과 함께 온몸의 혈액이 순환되면서
개운한 아침을 맞을 수 있지.

근데 처음부터 약간 함정이 있는데…
휴대폰을 어떻게 멀리 놓고 잠에 들지?

알고 보면
범죄인 것들

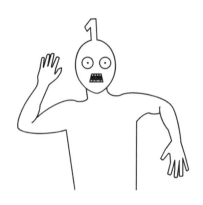

1 딱 1분만
집중해서 읽어봐

살면서 별생각 없이 넘기는 것들 중에
법을 어기는 경우가 굉장히 많아.
실수로 빨간 줄 그어지기 싫으면
이 글을 집중해서 잘 읽어보라구.

시비가 붙었을 때
갑자기 소매를 걷거나 웃통을 까면서
용이나 호랑이 문신을 보여주면 위협죄에 해당해.
그리고 식당에서 주인에게 하는 갑질은
'시장지배적 지위의 남용'이라는 위법행위야.
또한 놀이기구라든지 어디 줄 서 있는 곳에서
새치기하는 것도 경범죄에 해당해서
범칙금이 부과될 수도 있지.

또 도검이 뭔지 알지?
멋을 내려고 도검을 허가 없이 들고 다니면
5년 이하의 징역에 처해질 수도 있어.
칼 이외에도 사람을 다치게 할 가능성이 있는
흉기를 지니고 다니는 것도 범죄야.

그리고 좀 특이한 불법이 하나 있는데,
남극은 나라가 아니라는 거 알고 있지?
근데 허가 없이 남극에 가면,
'남극활동 및 환경보호에 관한 법률'에 따라
징역형이 선고될 수도 있어.
물론 여행사를 끼고 가는 건 위법이 아니지.

또 길거리에 마사지 숍이 엄청 많잖아.
근데 시각장애인이 아닌 사람이
안마 시술을 하면 전부 다 불법이야.

또 '엄카찬스'라고 해서
미성년자가 부모님 신용카드를
사용하는 것도 불법이지.

마지막으로, 길거리에 많이 다니는
'도를 아십니까' 하는 사람들 있잖아.
거절했는데 계속 쫓아오면
그것도 불법이야.

88:88

절대 고양이를 키우면 안 되는 이유

1 딱 1분만 집중해서 읽어봐

혹시 고양이 키우는 사람 있어?

이미 키우고 있다면 어쩔 수 없지만,

내가 키워보니까

절대 고양이를 키우면 안 되는 이유가 있더라고.

그중 하나는 털이 엄청나게 빠지는데,

그냥 빠지는 게 아니라

뿜어내는 수준이거든.

원래 고양이 키우는 사람은

반찬 대신 고양이 털을 밥에 얹어서 먹고 그래.

맨날 고양이를 물고 빨고 하다 보면

입에도 털이 한가득이지.

또 주말에 마음먹고 집 청소 좀 하잖아?

그럼 금세 고양이가 원상복귀를 해주거든.
그리고 비싼 소파도 한낱 고양이의 장난감에 불과해.
거기다 벽지도 엄청 뜯어놓거든?
월세살이인 내가 싹 다 도배하고 나가려면
몇 십만 원씩 깨지겠지만
우리 고양이가 뜯으면서 즐거웠다면 그걸로 됐어.

만약 고양이가 한 번 아프기라도 하잖아?
그럼 병원비가 사람이 아픈 것보다 더 많이 나와.
실제로 주변의 어떤 사람은
키우던 고양이가 혼자 놀다가 다리가 부러져서
한번에 200만 원 넘게 깨졌거든.
그래서 세 달 동안 밥을 굶었지만 행복하대.

거기다 아주 싸가지도 없어서
애교도 잘 안 보여줘.

마지막으로, 가장 치명적인 이유가 있는데,
그건 바로 심장이 너무 아프다는 거야!
솔직히 얘네를 보고 어떻게 멀쩡할 수가 있겠어?
그러니까 너는 절대 고양이 키우지 마.

나만 키울 거니까.

🕐🕐:🕐🕐

한국인은
왜 매운맛을 사랑할까?

① 딱 1분만
집중해서 읽어봐

얼마 전에 한국 사람은 이해할 수 없는

일본인의 한식 리뷰가 올라왔어.

"한국의 튀김우동 컵라면 국물이

적당히 매워서 좋다,

국물이 많이 안 매워서

안심하고 먹을 수 있다."

이런 내용의 후기였지.

이해가 안 되지?

근데 튀김우동 컵라면 성분에

진짜 고춧가루가 들어가긴 하거든.

한국인은 이 정도론 매운맛이 있는 줄도 모르잖아.

왜 유독 한국인이 매운 걸 잘 먹는 걸까?

이게 역사적인 이유가 있더라고.

조선 후기에 모내기를 뜻하는 '이앙법'과
세금을 쌀로 징수하는 '대동법'이 도입되면서
쌀의 생산량이 폭발적으로 늘었고,
우리나라의 주식이 쌀밥으로 자리 잡았어.
음식이 풍족하지 않았던 조선에서
밥만큼 훌륭한 주식이 없었지만
밥만 먹으면 아무 맛도 안 나잖아?
이때 소금과 고춧가루가 우리나라로 들어왔고,
밥을 보완해주는 음식들이
짜거나 매운 방향으로 발전했지.

이때까지만 해도 한국인이
그렇게까지 매운맛에 열광하진 않았는데
1970년대 이후부터
　　　　　　식품업체가 마케팅 수단을 매운맛으로 잡으면서
　　　　　　'한국인이 매운맛을 즐긴다'고 광고를 했고,
　　　　　　그 뒤로 매운 음식이 불티나게 팔리기 시작했지.

이 현상은 갈수록 심해지고 있는데,
누가 더 맵게 만드나 경쟁하는 것처럼
매운 음식을 찍어내고 있어.
나는 불닭볶음면도 못 먹는데 말이야.

88:88

북한은 독도를
누구 땅이라 생각할까?

⏱️ 딱 1분만
집중해서 읽어봐

우리나라와 일본 사이에서
독도를 두고 자주 마찰이 빚어지잖아.
그럼 북한은 이 상황에 대해 어떻게 생각할까?
먼저 북한의 교과서를 좀 살펴보자.

"독도는 우리나라의 동쪽 끝에 있는 섬이며,
예로부터 우리 인민들이 물고기를 잡으면서 지켜온
우리나라의 신성한 령토이다.
독도를 처음으로 발견하고
독도령유권을 내외에 선포한 첫 국가는 우리나라이다.
그럼에도 불구하고 일본군국주의자들은
력사적으로나 지리적으로나 국제법적으로
명백히 우리나라의 고유한 땅인 독도를

일본령토라고 파렴치하게 주장하며
독도강탈에 미쳐 날뛰고 있다.
그러나 일제의 망상은
절대로 실현될 수가 없다.”

이렇게 설명되어 있어.
실제로 북한은 독도에 대한 책도 많이 내고,
독도를 배경으로 한 우표도 발행했어.
그리고 2021년 도쿄올림픽에서
일본이 자기들 지도에
독도를 슬쩍 끼워둔 걸 보곤
“올림픽 종목에 영토 강탈이라는 종목도 생겼냐”며
일본의 행태를 비꼬기도 했거든.

이렇게 북한은 생각보다
독도에 관심이 많은데,
그렇다고 이게 북한이 우리나라 편이란 뜻은 아니야.
아예 한반도 전체가 북한 땅이라고 착각하고 있어서
독도 역시 북한 땅이라고 생각하면서
독도를 지키려는 것일 뿐이지.

근데 독도는 누가 뭐래도
우리 땅이지롱!!

88:88

자다가 떨어지는 느낌,
느껴봤어?

1 딱 1분만
집중해서 읽어봐

잠을 자다가 갑자기 움찔하는 느낌이 들거나

떨어지는 느낌이 들어서

발을 굴러본 경험이 있지?

뭔가 소름이 돋는 느낌이기도 하고

썩 유쾌한 경험은 아니잖아.

이런 현상이 일어나는

과학적인 이유가 있더라고.

일단 수면을 1단계, 2단계, 3단계,

그리고 렘수면으로 구분할 수 있는데

단계가 높아질수록 근육이 점점 이완되면서

잠에 빠져드는 거거든.

근데 여기서 어떠한 이유로

수면의 단계는 깊어졌지만
근육이 충분히 이완되지 않으면
근육이 발작하면서 순간 잠에서 깨게 되는 거야.
보통은 피로나 스트레스가 근육 이완을 방해하지.
이렇게 수면중에 갑자기 몸이 경직되면서 깨는 걸
'수면 놀람증'이나 '수면 경련'이라고 불러.

이런 현상이 너무 자주 일어나면
하지불안증후군을 의심해봐야 하는데,
그건 휴식중에 다리가 막 근질거리거나
다리를 움직이고 싶다는 충동이 드는 질환이야.
다리에 벌레가 기어가는 느낌이 들거나
뭔가 따끔거리는 느낌이 드는 것도
모두 다 이 질환에 속하지.
혹시 이런 경우라면
수면장애를 유발할 수도 있으니까
의심된다면 꼭 병원에 가봐야 해.

근데 수면 경련은
불편한 자세에서 더 자주 일어나.
혼자 잘 때는 뭐 상관없지만,

학교에서 엎드려 자다가
책상을 발로 차면서 벌떡 일어나면 완전 쪽팔리겠지?

88:88

산타와
물리학

1 딱 1분만
집중해서 읽어봐

전 세계에는 25억 명의 어린이가 있고,

이 중 크리스마스를 기다리는 아이들은 5억 명 정도야.

그럼 산타는 레고 장난감이나 인형을

무려 5억 개나 챙겨야 하지.

하나당 1kg이라 쳐도 무려 50만 톤,

니미츠급 항공모함 5척을 들고 다녀야 돼.

이게 끝이 아니야.

산타는 진짜 엄청 빨리 날아다녀야 돼.

보통 한 가구에 아이 2명이 산다고 가정해보면,

집을 2억 5천만 개나 돌아야 하는데,

지구가 도는 방향으로 이동하면

24시간보다 조금 긴 31시간 안에 모든 걸 처리해야 돼.

즉 0.0004초 만에 다른 집을 들러서
썰매를 세우고 선물을 주고 나온다는 거지.
그럼 썰매 속도가 초속 1,000km!

또 순록은 보통 130kg의 물체를 견인할 수 있는데,
50만 톤의 짐을 옮기려면
순록 400만 마리가 필요해.

정리해보면 순록 400만 마리가
니미츠급 항공모함 5척을 끌고
로켓의 100배 속도로 질주하는 거야.

이런 미친 속도에서 나오는 충격파 정도면
지구상에 존재하는 대부분의 시설이 부서질 텐데,
그러면 아마 산타에게 선물 받을 친구는
이 세상에 더 이상 존재하지 않겠지.

아무튼 모두의 평화를 지킬 수 있는 방법이 있어.
바로 산타가 엄청 많으면 돼!
집마다 산타가 한 명씩 있으면
충분히 가능하지.
잘 둘러봐.

산타는 이미 네 주변에 있어.

88:88
밤낮이 바뀌면
안 되는 이유

1 딱 1분만
집중해서 읽어봐

하루 8시간을 똑같이 잔다고 가정하면
밤에 자든 낮에 자든 별 상관이 없을 것 같잖아.
그런데 왜 꼭 밤에 자야 문제가 없는 걸까?
이게 과학적인 이유가 있더라고.

우리 몸에는 '서캐디언 리듬'이라는 게 있는데,
이건 24시간 낮과 밤의 변화에 맞춰서
모든 생물체 내부에서 주기적으로 일어나는
신체적인 활동을 말하거든.
한마디로 우리 몸 안에 시간을 인지하는
24시간 주기의 생체 시계가 있다는 거야.
그리고 생체 시계에 깊게 관여하는 게

바로 태양빛인데,

햇볕을 쬐면 뇌에서 세로토닌이 분비되면서

일상생활을 잘할 수 있도록 만들어주고

어두울 땐 수면을 담당하는

멜라토닌을 분비하면서

숙면을 취할 수 있게 만들어주지.

이렇게 생체 시계와 태양빛이 딱 맞물려서

우리가 24시간 주기로 생활할 수 있는 거야.

그런데 처음에 말한 것처럼

밤낮이 바뀌어버리면

햇볕도 잘 못 쬐고

호르몬 분비도 다 꼬여버려.

밤에 휴대폰을 들여다보다 잠들면 잠을 설치는 것도

휴대폰 불빛이 멜라토닌 분비를 방해하기 때문이지.

그래도 나는 밤에 보는 유튜브를 못 참는다?

이미 밤낮이 바뀌었다?

그럼 밤새우는 거 말고

패턴을 맞추는 좋은 방법이 있어.

일단 16시간 이상 굶고,

보통 첫 끼를 먹는 시간에 맞춰서 밥을 먹으면

다시 고장 난 생체 시계를 리셋 할 수 있지.

촉법소년은 살인해도
감옥에 안 갈까?

① 딱 1분만
집중해서 읽어봐

'촉법소년'이라는 말, 다들 들어봤지?
한마디로 법을 어긴 소년이라는 건데,
이들은 절대 처벌할 수 없다는 이야기가 있어.
만 14세가 안 되면 형사미성년자라고 부르는데,
얘네들은 범죄를 저질러도 책임이 없어서
형법상 범죄 성립이 안 돼.

물론 가벼운 벌을 받는 경우도 있어.
만 10세 이상이면 최대 2년간 소년원에 송치되어
온갖 교육을 받아야 하지.

근데 중요한 건,
소년원은 감옥이 아니라서

전과자로 기록되지 않아.
이게 최대로 내릴 수 있는 벌이야.
더 이상 뭔가를 할 수 없어.

얼마 전 친구를 살해한 초등학생도,
친아버지를 흉기로 찌른 11세 아이도
범죄자가 되지 않았어.
만약 대통령을 죽여도 마찬가지야.
심지어 청와대를 폭파해도
내란목적살인죄 등이 성립되지 않아.

전에 이런 극악무도한 소년들을 처벌하기 위해
특별법을 제정하려고 시도했었어.
그런데 이것마저 '법률 불소급 원칙'이라는,
즉 '나중에 처벌하면 안 된다'는 원칙 때문에
무산되고 말았어.

그래서 이런 촉법소년을 보고
"살인 면허를 준 게 아니냐"는 비판이 쏟아져 나오지.
다만 여기 해당되는 애들이
아무런 불이익을 받지 않는 건 아니고,
당연히 부모님이 민사 소송을 떼로 받을 거야.

하여튼 이런 애들 걸리면
확 그냥 꿀밤을 확!

🅱🅱:🅱🅱

잠을 계속 안 자면
어떻게 될까?

🕐 1 딱 1분만
집중해서 읽어봐

하루에 8시간씩 잔다고 가정해보면
80년 중 27년을 침대에서 보내야 해.
뭔가 억울하지 않아?

이 사실에 빠쳐 있었던 고등학생 랜디 가드너는
잠이 도대체 왜 필요한지 직접 알아보려고
본인을 대상으로 실험을 진행했어.
다른 도움 없이 오로지 정신력 하나로만 버텨냈지.

3일 정도 밤을 새운 가드너는
너무 피곤해 죽을 것 같은 느낌 말고는
딱히 몸에 별지장은 없었어.

하지만 4일째가 되자
자기가 미식축구 선수라고 착각을 하기 시작했고,
신경질을 내면서 불같이 화를 냈대.
스스로가 누구인지 헷갈리는 현상이 나타난 건데,
이건 몸은 안 자고 있지만
뇌는 순간적으로 잠들어버리는
'마이크로 슬립' 현상이라고 불려.
한마디로 눈을 뜨면서
짧게나마 꿈을 꾼 거지.

6일째는 근육을 마음대로 사용하지 못했고,
단기 기억 상실증에 걸리기도 했어.
1부터 100까지 숫자를 세다가
자기가 뭘 하고 있는지 까먹을 정도였지.

그리고 11일째가 되자,
가드너는 제대로 말도 못 했어.
주변 사람들이 알아듣지 못할 정도로
문장을 구사하는 능력이 떨어졌거든.
이때가 되어서야 실험이 종료되었고,
가드너는 14시간 동안 꿀잠을 자게 돼.

이제 엄마가 밤에 공부를 시키면
이 내용을 보여주자.

88:88

주말이 너무
빨리 가는 이유

1 딱 1분만
집중해서 읽어봐

워어어어얼화아아아수우우모옥금퇼!
도대체 주말은 왜 이렇게 빨리 갈까?
이게 과학적인 이유가 있더라고.

우리 몸에는
시각적인 자극을 받아들이는 눈이 있고,
청각 자극을 받아들이는 귀가 있잖아.
근데 시간을 전문적으로 담당하는 기관은 없거든.
단지 뇌의 작용으로
시간의 경과를 느끼는 것뿐이지.

그래서 상황에 따라 시간을 다르게 느끼는데,
여기서 정말로 중요한 건

'얼마나 집중하고 있는가'거든.
일단 무언가에 집중하면 몰입도가 높아지면서
뇌의 정보처리속도가 빨라져.

보통 시간이 잘 안 간다고 느끼는 평일에는
시계를 자주 들여다보게 되잖아.
그러면서 괜히 시간의 흐름에 집중하게 되거든.
그러면 시간이 흐르는 것에 대한
정보처리속도가 평소보다 빨라지게 되고,
머릿속으로는
'아, 이제 1시간 정도 지났겠지?'라고 생각했지만
실제로는 30분밖에 안 지나 있곤 하지.

반대로 주말의 경우에는
시간을 보는 게 아니라
다른 여가 생활에 집중하고 있잖아.
그러다 보니 시간의 경과에는 별로 관심이 없고,
머릿속에선 이 정보를 느슨하게 처리하다가
'이제 30분쯤 지났나?' 하고 생각하면
2시간이 훌쩍 지나있는 거지.

그래서 내가 주말에도
시간에 집중하고 있어봤거든.
그래도 주말은 사라지더라ㅜㅜ

88:88

여자는 절대 모르는
남자 화장실의 비밀

① 딱 1분만
집중해서 읽어봐

모든 남자 화장실에는
특별한 규칙들이 있는데,
이걸 다들 자기들끼리만 공유하고 있더라고.
그래서 내가 다 알아왔어!

일단, 맨 처음 들어가는 사람은
자기가 쓰고 싶은 자리를 쓰면 된대.
근데 두 번째 사람이 들어가면
무조건 한 칸 이상의 거리를 둬야 해.
이걸 제대로 안 지키면 공공의 적이 되는 거지.
이건 칸막이가 있는 남자 화장실 기준이고,
만약 칸막이가 없다면?
그러면 두 칸을 띄우는 게 국룰이래.

두 번째로, 소변기 위에 지문 인식 장치가 있어.
혹시 여자가 들어가면 큰일 나잖아.
그래서 지문을 인식해서 남자인 게 확인되면
그제야 화장실을 사용할 수 있어.

세 번째는, 비밀통로의 존재야.
안쪽에서 두 번째 소변기를 들어 올리면
뒤로 들어갈 수 있는 통로가 나오거든.
이 안으로 들어가면 잠시 쉴 수 있는 공간이 나오는데,
평범한 곳은 의자만 있기도 하고
시설이 좋은 곳은 잡지나 게임기도 갖춰져 있어.

마지막으로는, 소변기 안에 있는 파리 센서야.
소변기 안의 파리를 잘 조준해서 맞히면
점수가 올라가거든.
옆 사람이랑 배틀도 가능해서
자존심 싸움이 되기도 해.
근데 여기서 최저 점수를 채우지 못하면
물이 안 내려가는 불상사가 발생하기도 하지.

이런 걸 치사하게
자기네들만 알고 있냐!!

88:88

택배를 문 앞에 둬도
왜 안 훔쳐갈까?

**① 딱 1분만
집중해서 읽어봐**

우리나라 사람들은 왜 겁도 없이
택배를 맨날 문 앞에 그냥 두고 가라고 할까?
외국이었으면 다 훔쳐가고 난리 났을 텐데!
그런데 신기하게도 안전하잖아.
이것도 그럴듯한 이유가 있더라고!

일단 한국인은 성격이 급하잖아.
우리나라가 극적인 전쟁을 치르고,
또 급격한 산업화를 이루면서
사람들의 행동이 점점 신속해졌어.
인터넷이든 뭐든 빠른 걸 엄청 좋아하고,
택배도 마찬가지로 해당되거든.
뭘 주문하고 나면

최대한 빨리 받아야 직성이 풀리는데,
원칙대로 택배를 본인한테 직접 전달하려면
확인할 게 많아지니까
기사분 입장에서도 배송 속도가 늦어질 수밖에 없어.

또 내가 집에 있는 게 아니면
나중에 다시 배송해달라고 해야 하잖아.
이게 엄청 귀찮고 느리고 짜증나거든.

만약 집 앞에 놔달라고 했다가
분실되면 자기 책임이지만
그래도 위험을 감수하고 이런 선택을 하는 거야.

이게 한 사람만 그런 게 아니라
우리나라의 거의 모든 사람이
똑같이 하는 생각이야.
그래서 암묵적 합의처럼
남의 택배에 손을 대지 않는 거지.
물론 택배 도난 사고가 아예 없는 건 아니지만
외국이라면 상상도 할 수 없을 정도로
안전한 편이지.

근데 문 앞의 택배에는 손도 안 대면서
1층에 둔 자전거는 왜 이렇게 열심히 훔쳐가는 거야!

88:88
어린이날 선물은
몇 살까지 받을까?

**1 딱 1분만
집중해서 읽어봐**

즐거운 어린이날,

과연 나는 선물을 받을 수 있는 나이일까?

일단 '어린이'라는 단어는

1920년대 초반에 방정환 선생님이

아동을 하나의 인격체로 봐야 한다는 취지로

처음 만드신 단어야.

그러면서 어린이날도 처음 만들어졌지.

그런데 우리 법에서는 어린이라는 단어 대신

주로 아동이나 청소년, 미성년자라는

단어를 채택하고 있거든.

아동복지법에서는 '아동'이란

18세 미만인 사람이라고 규정하고 있어.

그리고 장난감 등을 취급하는
'어린이제품 안전 특별법'에서는
만 13세 이하를 어린이로 보고 있지.

발달심리학에서는 일반적으로
0~2세까지를 영아기, 3~5세까지를 유아기,
6~13세까지를 아동기라고 보는데
여기서 아동기만을 어린이로 판단해.

이렇게 기준이 천차만별인데,
솔직히 이런 기준들은
별로 마음에 안 들지?
그러니 발상의 전환을 해보자고.

어린이날이 만들어진 1920년대로 돌아가보면
그땐 한국인의 평균 수명이 약 34세였어.
그런데 무려 16세까지 어린이라고 불렸지.

근데 현대는?
기대 수명이 약 83세거든.
똑같이 계산해보면
약 39세까지 어린이라는 사실!

그러니까 전 어린이고요,
반박 안 받습니다.

88:88

녹음된 내 목소리는
왜 이리도 어색할까?

① 딱 1분만 집중해서 읽어봐

내가 나온 동영상을 보거나
통화 녹음본을 듣다 보면
내 목소리가 그렇게 듣기 싫어지잖아.
왜 자기 목소리는 듣기 거북한지 알아봤더니
이게 과학적인 이유가 있더라고.

먼저 생리학적인 이유로는
전달 과정의 차이가 있어서야.
녹음된 목소리를 들을 때
소리가 공기를 통해 귀로 전달되거든.
음향이 고막을 진동시키고
이게 달팽이관에서 청각 신호로 바뀌는 거지.

근데 내가 말하면서 듣는 목소리는
소리가 직접 두개골로 전달되고 있어서
밖으로 들리는 소리 외에
안에서 울리는 소리가 합쳐서 나게 돼.
이래서 다른 소리처럼 느끼는 거고,
보통 뼈를 통해 전도되는 소리는
진동수가 낮아서 좀 더 깊고 풍성하게 들리는 거지.
그러니 녹음된 소리를 들어보면
실제로는 더 가늘고 높은 음이라서
'내 목소리가 이렇게 이상했나?' 생각하는 거야.

또 심리학적인 이유도 있어.
일단 내가 듣는 내 목소리는
그야말로 나 자체거든.
성별과 나이, 성격까지 모든 걸 담아서
나를 나타내는 게 바로 내 목소리인데
이 목소리가 다른 매체를 통해 흘러나온다?
이것 자체가 굉장히 당황스러울 수밖에 없어서
거부감이 느껴지는 거야.

어쩌다 내 목소리를 들으면 괜히 민망해지는데,
다 똑같으니까 걱정할 필요 없어.

나는 아직도 내 목소리 듣는 게
그렇게 싫거든.

🔲🔲:🔲🔲

껌을 꿀꺽
삼켜도 될까?

⏱ 딱 1분만
집중해서 읽어봐

가끔씩 껌을 뱉을 곳이 마땅치 않으면,

껌을 삼키기도 하잖아?

근데 껌이란 게 도저히

몸속에서 소화가 안 될 것 같은

고무 같은 느낌이니까

먹을 때마다 진짜 찝찝했거든.

먹다가 목에 붙을까봐 걱정해본 적,

다들 있잖아.

사실 껌은 고무 같은 재료로 만드는 게 아니라

초산 비닐 수지라고 불리는

일종의 플라스틱으로 만들어.

접착제나 페인트에도 일부 사용되는 물질이지.

알고 보니까 더 몸에 나쁜 것 같기도 한데,
사실 껌은 몸속에서 소화를 시킬 수가 없어서
그대로 변으로 나오게 된대.
우리 몸속이 생각보다 미끈거려서
벽에 안 달라붙고 무사히 배출되는 거야.

껌을 이미 삼켰다면
화장실에 가서 결과물을 한번 잘 살펴봐.
어딘가 숨어 있을 테니까.
그러니 껌을 매번 삼켜도 건강상 문제는 없어.
껌을 먹어서 사고가 나는 경우는
아~~주 희박하니까 걱정 안 해도 돼!

근데 이건 어디까지나 성인을 기준으로 말하는 거야.
어린아이의 경우 문제가 심각해질 수도 있대.
어떤 아기는 하루에 껌 7개를 삼켜서
변비가 걸린 사례도 있대.
장에서 음식물이 넘어가는 걸 막아버린 거지.
사실 이것도 별거 아니긴 하지.

근데 아무리 문제가 없어도
껌은 삼키라고 만든 게 아니니까
웬만하면 삼키지 마, 그냥.

배고프면 다른 걸 찾아서
먹는 걸로 하자!

"나 달라진 거 없어?"라고 여친이 물을 때 대처법

1 딱 1분만 집중해서 읽어봐

"오빠, 나 뭐 달라진 거 없어?"

여자친구에게 이 질문을 들었을 때 어떻게 해야 할까?

애초에 이 질문을 왜 하는 걸까?

여자들은 보통 남자친구를 생각하면서

뭔가 스타일에 변화를 주기 마련이거든.

나름 남자친구를 위해 노력한 거니까

웬만하면 성심성의껏 대답해주는 게 낫지.

근데 뭐가 달라졌는지 어떻게 알아! 똑같은데!

자, 그러면 이 상황에서 정답을 몰라도

여자친구를 삐지지 않게

만드는 방법을 알려줄게.

일단 절대 당황한 티를 내면 안 돼.

그냥 흐뭇한 표정을 지으면서

여자친구 얼굴을

찬찬히 들여다보면 되거든.

사실 저 질문의 목적 자체가

뷰티 지식을 동원해서 알아내라는 게 아니라

나한테 그만큼 관심을 달라는 말이거든.

아무튼 "뭔지 모르겠네. 아이섀도를 바꿨나?" 하면서

계속 웃는 얼굴로 이것저것 떠보는 거야.

그러면서 시간을 버는 거지.

중요한 건 호기심 가득한 얼굴과

예뻐 죽겠다는 표정!

그거면 이 상황을 무사히 넘어갈 수 있어.

그리고 마지막에는

뭐가 바뀐 건지 직접 물어보고

마무리를 잘 해야 해.

예를 들어, 새 귀걸이를 차고 온 것이었다면

"아! 저번에 찬 거랑 비슷해서 못 알아봤네~"

이런 식으로 대답하면 큰일 나는 거 알지?

"어쩐지 뭔가 반짝반짝 예쁘더라!! 어디서 샀어?"

이러면서 질문 공세를 하면 무사히 넘어갈 수 있지.

88:88

14억 명 중국인들이
축구를 못하는 이유

1 딱 1분만
집중해서 읽어봐

중국은 지금 14억 명에 달하는 사람이 살고 있어.

무려 인간의 18%가 중국에서 살고 있지.

근데 이렇게나 사람이 많은데

어떻게 축구 잘하는 11명이 안 나오는 걸까?

유럽에 사는 사람은 7억 명밖에 없지만

축구 좀 한다는 사람이 수백 명이 넘잖아.

심지어 인구가 5천만 명인 우리나라보다도

중국이 축구를 훨씬 못하거든.

2022년 기준 우리나라는 세계 28위, 중국은 세계 79위지.

이게 상식적으로 말이 돼?

뭐 중국이 자국리그에서 승부를 조작해서

실력이 안 는다는 말도 있긴 한데,

진짜 이유는 따로 있어.

바로 공산당의 중앙집권적 통제 때문이야.

축구라는 문화가 발달하려면

대규모 리그도 있어야 하고

동네마다 소규모 축구 동호회도 만들어져야 하는데,

중국에서는 20~30명만 모여도

감시와 통제의 대상이거든.

그래서 축구 좀 하려고 사람들이 모이면

혹시 정치적인 이야기를 하거나

수상한 행동을 하진 않는지

중국 정부에서 감시하는 거지.

이런 강압적인 상황은

자연스럽게 축구 클럽 활동을 막아버렸고,

이런 이유로 어릴 때부터

축구를 멀리하던 중국 아이들은

실제 자신이 축구에 재능이 있다고 하더라도

결국 세계적인 스타로 거듭나긴 힘들어.

근데 중국 축구선수를 보면 말은 참 잘하긴 해.

자기가 메시보다 잘한다고 하더라고ㅋㅋ

외국에선 왜 집에서
신발을 신을까?

**딱 1분만
집중해서 읽어봐**

왜 서양 사람들은 집에서 신발을 신고 다닐까?

신발을 벗는 생활이 익숙한 한국 사람들에겐

너무 비위생적으로 보이잖아.

밖에서 침이나 똥을 밟았을지도 모르는데

생활하는 공간에 신발을 신고 들어오다니!

근데 이게 역사적인 이유가 있더라고.

일단 동서양의 난방 방식이 다른데,

우리나라는 주로

온돌 난방을 사용하잖아.

그럼 바닥이 뜨끈하지만 위에는 차가우니까

그 추운 겨울을 버티려면

바닥에 붙어 있는 게 제일 나았거든.

그래서 바닥에 앉아 있거나 누워 있는 거고,
몸을 밀착시킬 바닥을 깨끗하게 관리한 거야.
그러다 보니 자연스럽게 집에 들어오면
신발을 벗고 생활하는 문화가 자리 잡았지.

반면에 서양의 경우
난방으로 벽난로나 스팀 같은 온열기구를 사용했고,
그럼 굳이 바닥에 앉는 것보단
벽난로 앞에 의자를 두고 앉는 게 훨씬 따뜻하지.
뭐 실제로 누울 침대만 깔끔하게 관리하면 되니까
굳이 바닥까지 싹싹 닦을 필요는 없었어.

그런데 서양에선 신발을 신고
침대에 올라가는 경우도 있거든.
이래서 호텔에 가면 발을 얹으라고
'베드 스카프'라는 게 따로 있어.
이렇게 실내에서 신발을 신는 건
우리나라에선 상상도 못할 일이지.

그런데 사실 우리도 엘리베이터 잡았는데
뭐 잊어버리고 나왔으면

발뒤꿈치 들고
후다닥 가지고 나온 적 있지?

88:88
'가드 불가 기술'을
막는 가드법

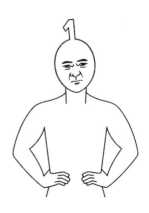

1 딱 1분만
집중해서 읽어봐

우리가 살면서 꼭 마주하게 되는
'가드 불가 기술'들이 있어.
말 그대로 막을 수 없는 공격이지만
어떻게 막을 수 있는지
방법을 알아두자!

먼저 엄마가
"엄마 눈 똑바로 쳐다봐!"
"뭘 잘했다고 눈을 똑바로 떠?"라고
말할 때의 해답은
상대의 눈을 쳐다보지 않고
최대한 반성하는 표정으로
인중을 쳐다보는 거야.

다음으로 여친이 "오빠, 나 살쪘어?"라고 물어볼 때는
진짜 조심해서 대답해야 해.
쪘다고 하면 기분이 안 좋아지고,
아닌 것 같다고 하면 원래 이렇게 뚱뚱했냐고 하고,
모르겠다고 하면 왜 이렇게 관심이 없냐고 하거든.
그니까 "어? 살 빠진 것 같아서
오늘 맛있는 거 먹이려고 했지~
자기가 좋아하는 떡볶이 먹으러 갈까?"라고 하면 돼.

만약 현 여친이 전 여친에 대해 물어본다?
여기서 좋았다고 말하면 당연히 큰일 나고,
별로였다고 전 여친을 욕하면
"나랑 헤어져도 욕하고 다니겠네?"라고 이어지는,
무시무시한 '가불기'거든.
이땐 "네가 너무 강렬해서
예전 기억이 하나도 안 나"라고
말하는 게 모범 답안이지.

"나랑 너희 엄마랑 물에 빠지면
누구 먼저 구할 거야?"라는
여친의 질문이 들어오면
엄마를 구한다고 대답하면 돼.
"그럼 나는 죽게 놔둘 거야? 진짜 너무해!"라는
여친의 대답이 돌아오면 이렇게 말해.

"걱정 마, 너는 내 아들이 구할 거니까."

88:88
만리장성의 끝은
과연 어디일까?

딱 1분만
집중해서 읽어봐

아마 만리장성을 모르는 사람은 없을 거야.
과거 진나라의 황제가
북방 유목민의 침입을 막으려고
엄청 긴 길이의 성을 쌓은 건데,
중국 주장에 따르면 겹치는 길이까지 다 포함해서
무려 20,000km에 달한대!

이 성 중간은 다들 사진으로 많이 봤지?
근데 맨 끝은 어떻게 생긴지 본 적 있는 사람?
아마도 거의 없을 거야.
만리장성은 동쪽에서 서쪽으로
길게 뻗어진 성이라서
서쪽과 동쪽에 각각 끝이라는 게 존재해.

서쪽 끝은 간쑤성 자위관시에 있는데
자위관이라고 불리는 성이 만리장성의 끝이야.
엄청나게 웅장한 성문이 있는데,
이곳의 이름이 바로 자위관이야.
만리장성의 서쪽 끝이지.
여긴 그래도 좀 웅장하게 생겼어.

동쪽 끝에도 서쪽 끝의 자위관처럼 생긴
산하이관이라는 성이 있는데,
여기서 만리장성이 끝나는 게 아니라
동쪽 바다 쪽으로 더 이어져.
그래서 바다와 만나는 지점에 끝이 존재하는데,
바로 노룡두라는 곳이야.
뭐 여긴 그렇게 대단하게 생기지도 않았고,
그냥 툭 끊긴 일반 성벽같이 생겼어.
그런데 자연 경관이 엄청 보기 좋아서
중국인들도 꼭 가보고 싶어 하는 명소 중 하나래.

심지어 만리장성 끝에서 끝으로
완주하는 사람들도 있다고 하네.
우리나라 사람들도 종종 여행을 간다고 하더라구.
만리장성의 끝에 도착하면 무슨 기분일까?

인류의 노동력은
정말이지 대단해.

88:88
절체절명의
급똥 해결 방법

1 딱 1분만 집중해서 읽어봐

"하… 시X X됐다."

갑자기 이렇게 욕이 나올 정도로

급똥이 몰려올 때가 한 번씩 있지?

건물마다 들어가서 화장실이 있는지 확인하기엔

시간이 그렇게 충분하지 않잖아.

그래서 내가 이때 쓸 꿀팁을 좀 알아왔어.

일단 제일 중요한 건 시간을 버는 거야.

먼저 새끼손가락 쪽 손목에서 10cm 정도 내려온 부분을

반대편 엄지손가락으로 5초 동안 꾹 누르고

3초를 쉬고 다시 누르는 거지.

이게 장문혈이라는 혈자리를 자극하는 건데,

10~15회 정도 반복하면 증상이 완화되거든.

시중에 급똥 방지약도 나와 있어서
미리 휴대하는 것도 도움이 되지.

이렇게 시간을 벌고 나면
이제 화장실을 찾아야 해.
먼저 폰으로 카카오맵이나 네이버 지도를 켜서
'화장실'이라고 검색하면
현재 위치를 중심으로
가까운 화장실을 알려줘.
근데 잠겨 있을 수도 있으니
개방 화장실이라고 적힌 곳을 가는 게 안전해.
휴지는 보통 없으니까 미리 준비하는 게 좋지.

여기서 또 하나의 꿀팁!
스타벅스는 음료를 안 사도 화장실을 이용할 수 있어.

그런데 길거리가 아니라 고속버스 안이다?
고속도로라도 10분에 한 번 정도는
졸음쉼터나 휴게소가 있으니까
기사분한테 최대한 빨리 말해야 해.
쪽팔려서 말 못 하겠다고?

말하는 게 쪽팔릴까,
버스에서 지리는 게 쪽팔릴까?

88:88

일진이
되는 법

1 딱 1분만
집중해서 읽어봐

기왕 사는 인생 한 번쯤 폼나게 살아야지, 안 그래?
그래서 내가 일진되는 방법을 알아왔어.

다들 학교에서 소위 '일진'이라고 칭하는
아이들을 본 적도 있을 거고,
간혹가다 거기에 속해본 사람도 있겠지.

일단 일진이 되려면
가장 중요한 게 기선 제압이야.
그러려면 좀 얼굴이
무서워 보여야 할 거 아냐?
등교할 때 새하얗고 밋밋한 얼굴은 필수거든.
요즘엔 까르보나라 같은 입술이 유행이고,

여기 화장기 하나 없는 얼굴에 다크써클까지 더해지면
다들 무서워서 건드릴 수가 없어.

다음으로 중요한 건 바로 패기야.
일진의 마음가짐 중 가장 중요하게 보는 부분이지.
일단 그러려면 목소리의 크기가 중요한데
한번 따라해봐.

"안녕하십니까!!!!!!!!!!!!!!!!!!!!"

자, 장전 완료됐어?
이제 지나가는 선생님들을 마주칠 때마다
허리를 90도로 숙인 다음 크게 외치면 돼.
그럼 다들 쫄아버릴 거라고!

마지막으로는 있는 힘껏 옷의 핏에 힘을 줘야 해.
비싼 옷에다가 교복 줄이고 하는 건
좀 하급 일진이나 하는 거거든.
요즘엔 오히려 단정한 교복이
가오의 필수인 거 알지?
바지라면 통은 최대한 크게 입어야 하고,
치마라면 최대한 발목까지 내려오게 입어야 해.
마이까지 단정하게 입어주면
더 가오가 사는 거지.

이렇게 일진 되는 법을 알아봤는데,
이러다 독자들 다 일진 되는 거 아니야?

🔢:🔢

추락하는 엘리베이터,
점프하면 살 수 있을까?

⏱ 딱 1분만
1 집중해서 읽어봐

엘리베이터가 추락하는 상상, 다들 해봤지?

그러면서 추락하는 동시에 점프하면

안 아플 거라는 상상도 해봤지??

그 상상이 틀린 건 아니야.

타이밍만 잘 잡는다면

확실히 충격을 줄일 수 있는 방법이지.

그런데 있잖아,

아마 아무리 잘 뛰어도

살아남기 힘들 거야.

잘 생각해봐.

일단 엘리베이터가 20층 정도에서

떨어진다고 가정해볼게.
그럼 엘리베이터가 바닥에 부딪히기 직전 속도는
약 150km/h 이상으로 엄청 빨라.
사람이 보통 힘껏 뛰어오르면
순간적으로 12km/h의 속도를 낼 수 있거든.
자, 그러면 뺄셈을 해보자.
떨어지는 속도가 150km/h,
뛰어오르는 속도가 12km/h,
그럼 결국 너는 138km/h로 떨어지고 있는 거지.

물론 네 다리 근육이 짱짱이라
150km/h의 속도로 점프하면
네가 상상한 대로 안 다칠 수 있을 거야.

만약 저런 다리 근육이 없어도 걱정하지 마.
엘리베이터는 생각보다 안전장치가 많아서
곧장 땅으로 떨어질 일은 거의 없으니까.

진~짜 만약 그런 일이 생기면
바닥에 최대한 몸을 붙이고 엎드려서
충격을 분산하는 게
그나마 살 수 있는 방법이야.

이렇게 또 하나의
동심파괴를 해버렸군.

경기장의 관중에겐
초상권이 있을까?

1 딱 1분만
집중해서 읽어봐

야구 경기나 축구 경기를 보면,

방송 화면에 관중석이 자주 잡히잖아.

이게 누군가에겐 추억이 될 수도 있고,

화면에 자주 잡혀서 유명세를 탄 사람도 있지만,

불륜 장면이 딱 걸려버려서

가정이 파탄 난 사람도 있어.

이런 이유가 아니라도

자기 얼굴이 전국적으로 팔려나가면

기분이 나쁠 수도 있을 텐데,

이런 건 대체 초상권 침해에 해당이 안 되는 걸까?

일단 초상권 침해에서 가장 중요한 게

당사자의 동의 여부야.

도대체 그 몇만 명이 언제 촬영에 동의했다는 거야?

정답은 티켓에 있어.

입장 티켓 대부분에는 이렇게

관람객의 음성과 초상권을

사용할 것이라고 명시되어 있지.

이래서 세부 사항들을 잘 살펴봐야 한다구.

근데 이 문구가 없어도

사실상 태클을 걸기가 힘들어.

아까 말한 초상권 침해에서의 당사자 동의에는

'암묵적 동의'라는 게 포함되거든.

경기를 관람하러 가는 사람들 대부분이

그 경기가 TV로 중계된다는 사실을 인지하고 있고,

관중이 찍힐 수도 있다는 사실을 이미 알고 있잖아.

그러면서 표를 사서 경기를 본다는 것 자체가

암묵적 동의라고 판단하는 거지.

거기다가 스포츠에서는

관중을 경기의 일부라고 보기 때문에

경기중에 내 얼굴이 잡혔다고 해서

초상권을 주장하기가 참 애매해져.

어차피 초상권도 없는 거,

나도 화면에 잡혀서

이상한 짓이나 해볼까.

2장

딱 1분만
뺏는다

Just 1 minute

❚❚:❚❚

운동선수가 경기 도중
화장실이 급하면 어떡할까?

⟳ 1 딱 1분만
집중해서 읽어봐

만약 선수가 경기중에

화장실에 가고 싶으면 어떻게 할까?

이때만큼은 화장실도 미리 가고

어떻게든 최상의 컨디션을 만들겠지만,

그래도 선수가 긴장하거나 해서

어쩔 수 없이 경기중에

화장실을 가야 하는 경우가 있어.

야구같이 각 회마다 공수가 바뀌는 스포츠는

틈틈이 화장실 갈 시간을 벌 수 있지만,

축구같이 최대 45분 동안

못 쉬고 뛰어야 할 땐 참 곤란하거든.

만약 그 선수가 팀에서 중요한 포지션이거나

경기 초반이라면 교체하는 건

너무 리스크가 커지잖아.

그래서 축구의 경우엔 잠깐 화장실을 다녀올 수 있어.

그럼 골키퍼는 어떡할까?

독일 대표팀 출신 골키퍼인 옌스 레만 선수는

유럽챔피언스리그 조별예선 경기중에

화장실이 너무 급해 골대 뒤에서 몰래 해결했어.

볼일을 시원하게 보고 온 골키퍼는

경기를 3 대 1로 이길 수 있었지.

그런데 모든 스포츠가

경기중에 볼일 보는 걸 허용하는 건 아냐.

신사적인 운동 테니스에선

경기중 화장실 이용을

굉장히 비신사적인 행동으로 간주하거든.

실제로 데니스 샤포발로프 선수가

경기중에 화장실 이용을 요청했지만

심판이 거절하면서 언쟁을 벌였어.

끝내 이 선수는 화장실을 못 가고 경기를 치렀지만

결과는 승리였지.

왜 경기중에 볼일이 급하면

다 이기는 거지?

88:88

사랑니는
꼭 뽑아야 할까?

⟳ 딱 1분만
① 집중해서 읽어봐

사랑니를 뽑아야 할지 말아야 할지
고민하는 순간이 한 번은 오게 될 거야.
근데 이거 꼭 뽑아야 할까?

첫사랑을 앓듯이 아프다고 해서 사랑니인데,
이건 인간의 대표적인 흔적기관에 속하거든.
인류가 발전하면서
예전만큼 이를 사용할 필요가 없어졌고,
안쪽의 어금니들도 개수가 점점 줄어들었어.
또 뇌가 커지고 턱이 줄어드는 방향으로 진화했지.
근데 사랑니라는 건
아직 퇴화하지 않고 남아 있거든.

사랑니가 나긴 해야 하는데
턱은 이미 줄어들었고
사랑니가 날 자리는 없어져버린 거야.
이래서 참 오만 난리를 치며 비집고 나오는데,
저~기 구석에 있는 건 기본이고
눕거나 엎드려서 나느라
바로 옆 치아와도 딱 붙어 있지가 않아.
그럼 틈새 공간이 생겨서
치아 사이에 음식물이 잘 끼겠지.

이걸 방치하면 사랑니가 썩는 건 물론이고,
옆에 있는 어금니까지 썩어서
둘 다 뽑아야 하는 일이 생길 수도 있어.
심하면 신경을 누르거나
치아 형태를 이상하게 만들 수도 있지.

이래서 일상생활이 불가능할 정도로 아프면
당연히 사랑니를 뽑아야 하고,
아프지 않더라도 예방 차원에서 미리 뽑는 거야.
만약 깔끔하고 안 아프게 사랑니가 난 사람은
진짜 운이 좋은 거라 굳이 안 뽑아도 돼.

아예 처음부터 안 나는 더 운 좋은 사람들도 있는데,

이런 사람은 전생에
나라를 팔아먹은 게 아닐까!

노래방 점수의
비밀

1 딱 1분만
집중해서 읽어봐

노래방에서 노래를 부르면 점수가 나오는데
도대체 점수를 주는 기준이 뭘까?
일반적으로 노래를 잘 부른다는 건
음정이나 박자, 분위기를 잘 맞추는 거잖아.
근데 노래방 기계는 그런 걸 보는 게 아니야.

마이크로 들어가는 소리를
진짜 물리적으로만 받아들이는데,
박자와 음량을 주로 보는 것이라서
감정 잡으면서 약간 엇박으로 부르거나 하면
박자가 틀렸다고 판단해.

또 엄청 높은 음의 노래를 부르느라

입에서 마이크를 약간 떼고 부르면

음량이 부족하다고 판단해서 점수를 깎아버리지.

거기다 입과 마이크의 거리가 멀어지면

주변의 다른 소음도 들어가서

그걸 노래라고 인식하고 점수를 깎게 돼.

옛날에는 크게 부르기만 하면

점수가 잘 나온다는 말도 있었는데,

요즘은 박자도 같이 봐서

점수 얻기가 더 힘들어졌어.

거기다 중간에 코러스나 추임새 같은 거 넣어주면

또 틀렸다고 판정하는 등 예민하게 굴어서

진짜 노래를 잘 부르는 사람도

꼭 100점이 나오진 않는 거야.

다만 노래방 주인이 설정을 좀 바꿔놓으면

점수가 기본적으로 높게 나오는 경우도 있지.

어쨌든 점수를 높이려면

입을 마이크 가까이 대고

가사나 감정보단 박자 싸움을 해야 하는데,

이럴 바에는 점수 제거를 누르는 게 낫지 않을까?

진짜 각 잡고 불렀는데

점수 제거를 안 해서 괜히 낮은 점수가 나오면 빡친다고!!

88:88

대통령 월급은
얼마일까?

1 딱 1분만
집중해서 읽어봐

우리나라 대통령은 월급을 얼마 받을까?

결론부터 이야기하자면,

2020년도 기준으로 2억 391만 4천 원을 받았어.

월급으로 환산하면 1,699만 원이지.

근데 여기서 4대 보험이랑 세금을 다 떼고 나면

실수령액은 1,166만 원 정도야.

이걸 바탕으로 대통령 5년 임기 동안

받을 수 있는 금액을 전부 더해보면

7억에 달하는 돈을 급여로 받게 돼.

많다면 많은 돈이고 적다면 적은 돈인데,

여기서 추가로 특수활동비라는 걸 받을 수 있어.

특수활동비는 정보 및 사건 수사나
국정 수행 활동을 하면서 필요한 경비를 말하거든.
이게 식비를 포함해서 업무중에
필요한 금액을 쓸 수 있는 거라
실제 생활하면서 지출할 금액이 줄어든다고 할 수 있지.

그럼 대통령을 하기 위해선 얼마가 필요할까?
일단 후보로 등록하려면
3억 원이라는 거액의 기탁금을
선관위에 제출하는 게 시작이야.
그리고 이제 자길 뽑아달라고
홍보할 돈을 써야겠지.

선거 비용 제한액이라는 게 있는데,
후보자들은 인당 513억까지만
선거 비용으로 사용할 수 있다는 제한이 있어.
이건 득표율 15%가 넘으면
기탁금 3억 원을 포함한 전액을
돌려받을 수 있기 때문이지.
하지만 15%가 안 되면
저 모든 비용이 빚으로 남게 되는데,

역시 대선 출마는
아무나 하는 게 아닌가봐!

88:88

청소년이 돌기형 콘돔을
사지 못하는 이유

1 딱 1분만
집중해서 읽어봐

이제 청소년도 피임 기구를
구매할 수 있다는 건 많이 알려졌는데,
돌출형이나 약물 주입형은
청소년이 구매할 수 없어.
도대체 뭐가 문제길래 청소년이 사면 안 되는 걸까?

2011년에 '청소년 유해물' 건에 포함되었기 때문인데,
이건 음란한 행위를 조장하는 성기구 등
청소년의 사용을 제한하지 않으면
청소년의 심신을 심각하게 손상시킬 우려가 있는
성 관련 물건이라는 뜻이야.
이게 참 웃긴 게 그 물건에 청소년에게
유해한 성분이 있어서 그런가 했거든?

근데 정책 의도는 그게 아니었어.
만약 기능성까지 마음대로 구매하게 되면
청소년들이 성관계를 할 때 즐거움을 찾게 되고,
여성의 몸에 자극이 될 수 있어서
이걸 규제하게 된 거래.

한마디로 성관계는 해도 되지만
쾌락은 느끼지 말라는 말이지.

이 규제 때문에 일반과 기능성을
합쳐서 파는 온라인 업체들은
아예 구매할 때 무조건 성인 인증을 하게끔
바꿀 수밖에 없었고,
청소년은 콘돔을 구매하기가 더 힘들어졌어.
아직도 이렇게 성욕이나 쾌락을
좀 죄악시하는 분위기가 남아 있는 게
과연 청소년의 성교육에 좋을지는 좀 의문이야.

청소년 피임률을 높이려면
이런 곳에서 제약을 두면 안 되지 않을까?

근데 성인이 되어도
사러 갈 일이 없긴 하지…

중국인들은
왜 다 자기 거라고 우길까?

갓, 한복, 김치, 삼계탕…
이거 전부 우리나라 고유의 문화이자 음식이잖아?
그런데 요즘 우리 문화가 좋아 보인다고
자기들 것이라고 우기는 나라가 있어.
바로 서쪽의 미세먼지국 중국이야.

중국은 왜 찬란한 자기네들 문화는 놔두고,
가만히 있는 우리나라 문화를
자기들 것이라고 우기는 걸까?

이렇게 중국이 우리 문화를 훔쳐가는 걸
'문화공정'이라고 부르는데,

앞서 말한 것들뿐만 아니라
윤동주 시인과 손흥민 선수도
사실 중국인이라고 우기고
아리랑도 자기네들 노래라고 우기고 있어.
웃긴 건 최근에 핫했던 드라마 〈오징어 게임〉에서
주인공들이 입었던 초록색 운동복도
중국이 원조라고 우기더라고.

도대체 중국인들은 왜 그럴까?
이건 중국의 자국 우월주의가
문화적인 열등감과 콤플렉스로 인해
이상하게 발현되는 거야.

몇 년 전부터 사드 문제로 중국에서
한국 문화를 제한하는 한한령을 내렸거든.
　　　　　　근데 중국의 젊은이들이 한류에 빠져있으니
　　　　　이걸 자기들 문화라고 국가 차원에서 우기는 거야.
심지어 이걸 들은 중국의 젊은 층도
"역시 우리가 세계의 중심이지!"라며 동조하고 있어서
중국의 문화공정은 참 심각한 현상이라고 볼 수 있어.

그러니까 우리도 정신 바짝 차려야 하지.
근데 중국은 문화대혁명에서 자기들 건
다 때려 부숴놓고
왜 이제 와서 저러지?

시식코너가
특별히 맛있는 이유

1 딱 1분만
집중해서 읽어봐

마트 시식코너에서 한 입 주워먹는 건
그렇게 맛있는데,
그걸 구입해서 막상 집에 가서 먹으면
그 맛이 아닌 거 다들 알지?
솔직히 억울할 때가 많은데,
도대체 왜 그럴까?
이게 경제학적인 이유가 있더라고.

독일의 경제학자 헤르만 고센이라는 사람이 주장한
'한계효용의 체감 법칙'이라는 게 있는데,
어떤 사람이 동일한 재화나 서비스를 소비할 때
이게 반복될수록 주관적인 만족도가 감소한다는 원리야.

예를 들어 갈증이 있는 사람이 물을 마시면
첫 모금에서 느끼는 만족이 제일 크고,
첫 모금 후엔 만족도가 조금씩 줄어들면서
너무 많이 마시면 불쾌함에 이르기까지 한다는 거야.
그래서 마트에서
딱 한 입 먹을 때가 제일 맛있는 거고,
집에 와서 양껏 해 먹으면 그 맛이 아닌 거지.

이뿐만 아니라 시식코너 점원들은
조리법을 직접 본사에게 교육받거나
그게 아니라도 표준조리법에 따라 요리하거든.
집에서는 사실 정확히 계량하기가 어려우니까
맛이 조금 떨어지는 것도 있어.

또 일부 요리에서는 시식코너 점원들이
비밀 소스를 써서 맛있어지기도 하고,
먹는 입장에선 공짜로 먹어서
더 맛있게 느껴지거나
다른 사람이랑 경쟁해서 먹는 성취감도 있지.

솔직히 말해봐.
다들 시식코너에서 맛있는 거 있으면
　　　　　　　　한 번 맞보고는 매장을 한 바퀴 돌아서
　　　　　　　　다른 사람인 척 먹어본 적 있지?

선생님은
방학 때 뭘 할까?

<table>
<tr><td>1</td><td>딱 1분만
집중해서 읽어봐</td></tr>
</table>

방학이 되면 선생님들은 뭘 하게 될까?
일단 학교에는 꼭 남아 있어야 하는
인원이 필요하거든.
다음 학기를 준비하기 위해서
교장·교감 선생님은 학교를 전체적으로 관리하고,
시설의 유지 보수를 진행하게 돼.
또 과목별 선생님들은 방과 후 수업이 있다면
방학에도 학교를 나와서 수업을 하시지.

그리고 연수를 가기도 하는데
학교폭력, 감염병 예방, 다문화 교육 등
필수적으로 들어야 할 연수를

방학에 몰아 듣는 거야.
3학년 선생님의 경우
대입이나 고등학교 진학을 위해
학생들의 생기부를 작성하고,
학생들을 대상으로 입시 상담을 진행해.

또 봄 방학 같은 경우에는
1년의 교육과정을 세워야 해서
모든 선생님들이 엄청 바빠지지.

이렇게 보면 학생들에게만 방학이고
선생님들에겐 그냥 일하는 날로 보일 수도 있는데,
사실 선생님의 가장 큰 업무가 수업이라서
방학 땐 업무량이 상대적으로 적어져.
따라서 학교에 출근하는 것도
모든 선생님이 하는 게 아니라
교대로 돌아가면서 출근하는 경우도 있지.
그럼 남은 기간 동안 여행을 가거나
자기계발을 하거나 푹 쉴 수 있는 거야.
여하튼 방학이라 이렇게 일이 줄어도
월급이 계속 나와서 약간 개꿀이지.

다들 방학에 하는 방과 후 수업 싫어하잖아?
그거 선생님들도 진짜 하기 싫을걸?ㅋ

88:88

큰일 보는 중인데
휴지 없을 때 꿀팁

1 딱 1분만
집중해서 읽어봐

화장실에서 시원하게 일을 마쳤는데
이럴 수가? 휴지가 없으면 어떻게 해야 할까?
몇 가지 꿀팁을 알려줄 테니 잘 써먹어봐.

일단 제일 먼저 알아볼 게 휴지심이야.
솔직히 휴지 없을 때 휴지심이 있으면
그야말로 구세주를 만난 기분이잖아.
일단 휴지심은 표면이 좀 거칠고 딱딱하거든.
이걸 바로 쓰면 안 되고,
곱게 펴서 여러 번 비비고 문질러봐.
그럼 한층 부드럽고 연해져서
휴지까지는 아니어도 쓸 만해지지.
그런데 휴지심도 없으면 어떻게 해야 할까?

그다음으로 좋은 방법이 바로 양말인데,
만약 신고 있는 게 페이크삭스라면
앞뒤로 한 번씩 쓸 수 있는데
두 짝이니까 총 네 번이나 쓸 수 있어.
발목이 긴 양말이라면 더 효율적으로 쓸 수 있지.

근데 내가 오늘 슬리퍼를 신고 나왔다?
그럼 어쩔 수 없이 다음 방법을 써야 해.
입고 있는 속옷을 사용하면 되는데,
바로 집으로 갈 거면 괜찮지만
다음 일정이 있다면 추천하지 않는 방법이야.

이것도 좀 그렇다면 지갑을 열어볼까?
지폐는 좀 세균이 많을 것 같긴 하지만
휴지의 훌륭한 대체품이 될 수 있어.
그리고 한국은행에서 발행한 지폐는
물에 젖어도 잘 안 찢어져서
심지어 재활용도 가능하지.

이것도 싫고 저것도 싫다고?

그럼 과감하게 속옷을 올리고 걷는 보폭은 좁게,
재빠르게 한 발 한 발 내딛으며 나가면 돼.

𠂉𠂉:𠂉𠂉

야동은
왜 불법일까?

1 딱 1분만
집중해서 읽어봐

자료 검색을 하려고 딱 클릭했는데
'Warning' 어쩌고저쩌고 하는
파란 화면이 뜰 때마다 진짜 짜증나잖아.
대체 왜 한국은 야동이 불법일까?

우리나라에서도 모든 야동이 불법인 건 아니야.
그런데 이 화면이 뜬다는 건
방송통신심의위원회에서 규제한 사이트라는 뜻이야.
우리나라는 불법적인 콘텐츠가 포함된 유해사이트들에
접속할 수 없게 법적으로 규제하고 있거든.

그럼 규제되지 않은 사이트의 영상은 봐도 되냐고?
이건 영상의 종류에 따라 달라.

해외에서 성인 배우가 합법적으로 촬영한 영상은
불법이 아니라서 봐도 괜찮아.
하지만 아동청소년이 나오는 영상이나
성인이라도 동의 없이 촬영해서 유포된 영상은
명백한 불법이지.

사실 예전에는 시청만으로는 처벌받지 않았었는데,
세간을 떠들썩하게 한 N번방 사건 이후
형법과 아청법을 비롯한 많은 법률이 개정되면서
이제는 불법촬영물을 보기만 해도 무거운 처벌을 받아.

근데 여기서 또 질문이 생기는 사람이 있을 거야.
불법촬영물인지 모르고 눌렀다가
영상을 확인하자마자 바로 껐다면 어떻게 될까?
이것도 상황에 따라 다른데,
영상의 내용이 제목과 달랐거나
혹은 실수로 눌렀다고 해도
확인 결과 고의성이 없었다면 처벌받지 않는다고 해.
　　　　　　대신 명백하게 아동청소년이나 몰카 등이 써 있는 제목은
　　　　　　　　　　　　당연히 누르면 안 되겠지.

근데 이걸 왜 알아봤냐고? 오해는 하지 마.
난 관심 없지만 너희가 궁금해할 것 같아서 알아본 거니까.

🔢 :🔢🔢

101개도 아닌데
아파트는 왜 101동일까?

**⏱ 1 딱 1분만
집중해서 읽어봐**

아파트를 보면 하나 같이 백 몇 동이라고 써 있잖아.
심지어 동이 한두 개밖에 없는 아파트들도
101동부터 시작하는 걸 볼 수 있어.
아파트는 왜 1동이 아니라 101동일까?
여기에도 사회적인 이유가 있더라고.

처음부터 모든 아파트가
이렇게 번호를 매긴 건 아니야.
일제강점기가 지나고
우리나라에서 가장 처음 건설된 아파트는
1958년에 지어진 종암아파트인데,
당시에는 동이 3개밖에 없어서
숫자 대신 가, 나, 다동으로 표기했어.

그런데 그 이후로 우리나라의 인구밀도가
점점 높아지기 시작하면서
1962년 마포아파트를 시작으로
대단지 아파트들이 하나둘 생겨나기 시작했는데,
처음에는 다들 1동부터 차례대로 번호를 붙이다가
어느 순간부터 갑자기 백 단위로 급발진해버린 거야.
그 이유는 바로 대규모 아파트의 특성 때문이야.

대규모 아파트는 단지 수가 엄청 많은 데다
각 단지마다 수십 개의 동이 있었기 때문에
1차 단지의 1동, 2차 단지의 1동보다는
좀 더 부르기 쉽고 알아보기도 쉬운
101동, 201동으로 표시했던 거지.

게다가 이런 동번호에 관련해서는
따로 법으로 지정하고 있지 않기 때문에
소규모 아파트들도

대규모 단지 같은 느낌을 주기 위해
101동부터 번호를 매기기 시작했고,
지금은 이런 방식이 관례처럼 자리 잡게 된 거지.

자, 이렇게 아파트 동에 대한 궁금증은 해결되었는데,
건물을 셀 때는
왜 동이라는 말을 사용하는 거지?

88:88
서울대 가는
가장 쉬운 방법

1 딱 1분만
집중해서 읽어봐

서울대 가는 방법이 궁금해?
내가 처음부터 끝까지 확실히 알려줄게.
진짜 서울대 학생들이 쓰는 방법으로 말이지.
마음 굳게 먹고 시작해보자.

먼저 동기부여가 가장 중요한데,
나는 무조건 서울대에 갈 거라는 믿음을 가지고
앞으로의 과정을 행해야 해.
아니면 다른 길로 새버릴 수도 있거든.
내가 목표하는 바를 이루었을 때
서울대에 있는 내 모습은 어떨까를
설레는 마음으로 상상하는 것도
꽤 괜찮은 동기부여가 될 거야.

지금 비스듬하게 앉아서 이 글을 읽고 있지?
일단 그 자리에서 일어나.
자리에서 일어났으면
경건한 마음으로 씻고,
옷도 단정하게 입어.
자기관리는 모든 일의 기본이거든.

이제 지갑을 챙겨서 밖으로 나와.
지방을 기준으로 설명하자면
일단 근처 KTX역으로 가서 서울역에 내려.
근데 택시를 타면 거의 2만 원이니까
지하철 4호선을 타고 사당역까지 가는 거야.
그리고 2호선으로 환승해서
서울대입구역까지 두 정거장을 더 가고,
서울대입구역에서 5511번이나 5513번 버스를 타고
한참을 더 가야 서울대가 나와.

휴… 여기까지 하면 무사히 서울대에 도착해.
아, 궁금한 게 이게 아니었어?

서울대에 '입학'하는 방법이 궁금하다고?
그럼 이 책을 덮고 공부를 해야지!

주민번호 뒷자리를 알려주면 안 되는 이유

① 딱 1분만
집중해서 읽어봐

주민등록번호를 함부로 알려주면 큰일난다는데,
알려주면 어떻게 되는 걸까?
주민등록번호는 앞자리 6개와 뒷자리 7개,
이렇게 총 13자리로 이루어져 있어.
앞자리는 다들 알다시피 생년월일을 의미하고,
뒷자리가 중요하거든.

첫 번째는 남자가 1과 3,
여자가 2와 4로 성별을 나타내.
두 번째와 세 번째 자리는 지역 코드를 나타내고,
네 번째와 다섯 번째는 출생신고를 진행한
읍, 면, 동의 식별번호를 의미하지.
여섯 번째는 그 출생신고 당일에

몇 번째였는지 말하는 건데,

보통 5명을 넘는 경우가 거의 없어서

한 자리 숫자면 충분하대.

마지막 일곱 번째는 오류 검증 코드인데,

주민등록번호 앞자리를 포함해서 12개 숫자를

특정 공식에 대입하면

딱 하나의 숫자가 산출되거든.

이게 위조방지를 위한 식별번호가 되는 거지.

그럼 주민등록번호 하나로 내 생년월일과 성별,

구체적인 지역까지 특정할 수 있는 거고,

이 숫자 자체가 우리나라에선

개인 식별 용도로 쓰는 것이라서

유출되면 타인이 나인 것처럼

행세할 수가 있는 거야.

실제로 이름과 전화번호,

주민등록번호를 함께 알면

카드 내역까지도 뽑아낼 수 있다고 하거든.

이런 유출 위험 때문에

주민번호 대용으로

아이핀이라는 걸 새로 만든 건데,

솔직히 이건 아~무도 안 쓰지?

88:88

코에 물이 들어가면
엄청 아픈 이유

다들 목욕하거나 수영할 때
코에 물이 들어가서 힘들었던 적 있지?
진짜 조금만 들어가도 엄청 아프잖아.
이건 다 과학적인 이유가 있더라고.

우리 몸은 외부와 염도를 맞추기 위해
삼투현상이 계속 일어나고 있거든.
근데 코에 물이 들어가게 되면
코안의 세포가 코로 들어간 물과 염도를 맞추기 위해
물을 흡수하게 돼.

여기서 세포가 물을 흡수하며 팽창하는 행동이
사실 되게 위험한 상황이거든.

너무 많은 물을 흡수하면 세포가 파열될 수도 있어.
그래서 코는 이런 위험한 상황을 막기 위해
코에 있는 많은 신경들을 이용해
머리로 통증 신호를 전달하는 거야.
또 코의 감각신경과 자율신경은
눈과도 연결되어 있어서
코에 물이 들어가면 코도 찡하고 뇌도 찡해져
눈물이 나는 거지.

그렇다면 염도가 맞으면
물이 들어가도 안 아픈 걸까?
답은, "안 아프다"야!

체액의 염분 농도는 0.9% 정도라서
물이 농도가 맞으면
코에 물이 들어가도 아프지 않아.
우리 코에서 나오는 콧물도 체액에 속해서
훌쩍거려도 아프지 않은 거지.

이런 원리를 이용한 치료 기구도 있는데
비염이 심한 사람은 기구로 코를 세척하잖아.
이때 코를 씻어내는 용액이
우리 체액과 동일한 0.9%로 맞춰져 있어서
코가 아프지 않은 거야.
이래서 콧물을 먹어보면 좀 짭짤할걸?

김정은 재산은
얼마나 될까?

1 딱 1분만
집중해서 읽어봐

가난한 나라 하면 생각나는 곳이 어디야?

뭐 많은 나라가 있겠지만

나는 제일 먼저 북한이 떠오르거든.

국가의 경제력을 따지는 지표 중 하나인

국내총생산을 보면

북한은 우리나라의 50분의 1도 못 미치는

아주 가난한 나라인데,

그럼 김정은도 그렇게 가난하게 살고 있을까?

뭐 당연한 이야기겠지만

전혀 그렇지 않더라고!

김정은은 재산을 공개하고 있진 않아.

그래서 우리나라와 미국이 합동조사를 해서

하나하나 밝혀낸 정보에 따르면
오스트리아, 러시아, 싱가포르, 중국 등에 있는
200여 개의 외국 은행 계좌에
돈을 분산시켜서 보관하고 있는데
이 금액이 무려 6조 원이야.

이걸 들고 우리나라에 오면
신라호텔의 이부진 사장을 꺾고
재산순위 8위에 랭크될 수준이지.
김정은은 북한 전역에 20개의 궁전 같은 저택,
100대 이상의 고급차량,
최소 1기 이상의 전용기를 보유했는데
밝혀진 것만 이 정도면
실제로 까보면 뭐가 더 나올지 몰라.

지금 북한 주민들은 다 굶어 죽어가고 있는데
김정은은 엄청 부자인 거야.
그런데 말이 6조 원이지,
사실상 북한 땅에 있는 그 모든 게
다 김정은 재산이나 다름없어서
개인의 재산 규모를 따지는 것 자체가 의미가 없어.

근데 6조나 있어도
뿌링클 하나 제대로 못 먹겠지?

남녀 사이에
친구가 될 수 있을까?

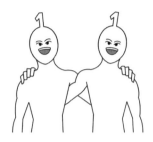

1 딱 1분만
집중해서 읽어봐

남자와 여자가 서로 아무런 사심 없는
친구가 될 수 있는 걸까?
이게 옛날부터 정말 뜨거운 논쟁거리였는데
이번 기회에 확실하게 짚고 넘어가보자.

일단 이성애자 남녀를 기준으로
이성이 친구가 될 수 없는
과학적인 이유가 있더라고.
먼저 〈사회심리학과 성격심리학〉이라는
학술 저널의 내용에 따르면,
66% 이상의 커플이
친구 관계에서부터 사랑을 시작했어.

특히 20대는 친구에서 연인으로 발전한 비율이
무려 85%에 달했지.
두 사람이 처음에 사랑을 목적으로
시작한 관계가 아니더라도
어느 순간 우정이 사랑으로 바뀐다는 거야.

일단 인간으로 태어난 이상
종족을 번식하려는 욕구는 내재되어 있는데,
그냥 뇌 구조와 신체 구조를 포함한 그 모든 게
이성에게 끌리도록 되어 있어.
아무리 상대가 자기 스타일이 아니더라도
아주 오랫동안 우정이라는 이름으로 함께하다 보면
언제 두근거릴지 모르는 거지.
특히 남성에겐
'성적 과지각 편향(sexual overperception bias)'이라는 게 있는데
여성이 눈웃음을 치거나 스킨십을 하거나 하면
그 순간부터 '얘가 날 좋아하나?' 하고
설레기 시작하는 거야.

따라서 "우린 진짜 친구"라고 고집을 부리는 사람들은
아직 썸을 타지 않는
이른바 '예비 썸씽'이라 볼 수 있어.

아니, 왜 있지도 않은 남친의 여사친이
벌써부터 빡치지?

🔢🔢:🔢🔢
세계 최고의 부자는
1분에 얼마나 벌까?

⏱1 딱 1분만
집중해서 읽어봐

지금 이 글을 읽는 1분 동안
세계 최고 부자는 얼마를 버는지 궁금하지 않아?

일단 2021년 3월 기준으로
세계 최고 부자는 바로 제프 베조스야.
세계 최고 기업인 아마존의 CEO지.
무려 현재 자산 규모가 200조 원!
진짜 미쳤지?

롯데월드타워 공사비가 3조 8천억 원인데,
이 사람은 롯데월드타워를
52개나 지을 수 있어.
그것도 자기 호주머니 돈으로만!

물론 이 사람 돈은 비트코인 같아서
이 짧은 2쪽짜리 글을 읽는 순간
100조나 300조가 되어 있을 수도 있어.
이런 억만장자, 아니 조만장자는
매시간마다 벌어들이는 수입이
극단적으로 다를 수밖에 없거든.

베조스가 가장 돈을 많이 번 순간을 기준으로
수입을 한번 따져보자.
아마존의 주가 폭등으로
베조스는 하루에 11조 원을 번 적이 있는데,
1분 동안 무려 7억 원을 번 거지.

3분 만에 베조스는 서울에서도 최상급으로 비싼
반포 자이아파트 하나가 생기는 거지.

또 세계에서 두 번째로 부자인 일론 머스크는
하루에 무려 14조 원을 벌었는데,
1분에 9억 원을 번 거야.
반대로 머스크는 주가 폭락으로
일주일에 30조 원을 잃은 적도 있어.
1분에 2억 7천만 원을 날린 셈이지.
1분에 저 정도 돈을 쓰려면
짜장면 5만 4천 그릇만 먹으면 금방이야.

88:88
마인크래프트가
성인게임이 된 이유

딱 1분만
집중해서 읽어봐

꾸준히 인기가 높았던 마인크래프트라는 게임이
우리나라에서만 성인게임이 되었어.
피도 안 튀기고 무섭거나 야한 장면이
나오는 것도 아닌데 왜 그런 걸까?

다들 셧다운 제도 알지?
만 16세 미만은 자정부터 오전 6시까지
인터넷 게임 접속을 제한하는 제도지.
마크는 비록 '12세 이용가'지만
이런 정책을 준수해야 하니까
만 16세 미만인 이용자를
자정에 종료시켜야 하잖아.
그럼 한국인만 따로 관리하는 서버를 만들어서

서비스를 제공해야 하는데
이게 돈이 너무 부담이었거든.

그럼 여기서 방법이 뭐가 있겠어?
그냥 한국의 16세 미만 고객이
아예 구매와 이용을 못하게 막아버리면
서버 증설 등의 이슈가 사라지는 거지.
그런데 16세라는 나이 자체가 너무 애매해서
성인 인증 절차를 만들어서
그냥 미성년자를 통째로 걸러버렸어.

콘솔 게임부터 이 방식이 적용되더니
지금은 PC용 마크 계정이
기존 콘솔 게임 계정들이랑 통합되어
2020년 말에 미성년자는
마크 구매가 아예 불가능해졌지.

그리고 2021년 6월 24일부터는
미성년자들의 접속도 제한되는 중이야.
마크뿐만 아니라 앞으로 해외 게임사는
이렇게 흘러갈 가능성이 있지.

원래 재미있게 마크하던 사람들도 날벼락이지만
미성년자 마크 유튜버들은 어떡하나 진짜!

88:88

알고 보면 의외로
불법이 아닌 것들

⏱ 1 딱 1분만
집중해서 읽어봐

살다 보면 범죄인 줄 알고 조심하지만,

실제로는 위법이 아닌 것들이 있어.

하라는 건 아니지만

알고 있으면 좋으니까

대표적인 몇 개만 살펴볼게.

도박하려고 빌린 돈은

안 갚아도 법에 저촉되지가 않아.

민법 103조에 따르면

'사회질서에 위반한 사항을 내용으로 하는 법률행위는

무효로 한다'는 내용이 있거든.

그러니까 도박 같은 불법 자금을 빌려준 거면

법의 보호를 받을 수가 없어.

청소년이 흡연을 하거나
음주를 하는 것도 범죄는 아냐.
누군가가 청소년에게
술이나 담배를 팔면 위법이지만

청소년이 일탈하는 행위 자체가
불법은 아니야.

그리고 도박이나 불법적인 사이트 있잖아.
여기 회원가입을 하는 것까지는 상관이 없어.
돈을 베팅하거나 이상한 영상을 시청한 게 아니라면
그냥 개인정보를 입력하고
회원가입을 하는 것 자체에는 아무 문제가 없는 거지.

또 자기가 무슨 범죄를 저질렀을 때
그에 대한 증거를 인멸하는 거 자체는 범죄가 아닌데
대신 범죄가 들켰을 때
형이 더 높게 떨어질 가능성이 있어.

그리고 "돈을 막 훼손하면 불법"이라는 말 들어봤지?
이건 동전을 녹여서 영리 활동을 한다든지 하는
주화에만 해당하는 얘기고,
지폐는 뭐 찢어서 버려도 불법이 아니야.

이 글을 읽고 설마 돈을 찢어버릴 사람이 있으면
찢지 말고 내 계좌로 보내. 농협 352 1284 …

🕛:🕛
엉덩이는 1개일까?
아니면 2개일까?

⏱1 딱 1분만
집중해서 읽어봐

전부터 논란이 되고 있는 한 문제가 있어.

'과연 엉덩이는 1개일까, 2개일까?'

일단 엉덩이를 영어로 하면 hip인데,

보통 hips라는 복수형으로 쓰고 있어.

2개인 게 확실한 eyes나 pants처럼 말이지.

그럼 엉덩이는 2개인 걸까?

국립국어원의 대답을 살펴보면

엉덩이의 뜻풀이가 '볼기의 윗부분'이거든.

여기서 엉덩이의 구조를 살펴보면

흔히 엉덩이라고 부르는 곳 전체를

볼기라고 부르고,

가운데를 기준으로 윗부분은 엉덩이고,

아랫부분은 궁둥이거든.
그런데 '볼기'라는 단어는
허벅다리 위의 양쪽으로
살이 불룩한 부분을 뜻하기 때문에
양쪽이라는 말이 포함되니까
하나라고 볼 수 있어.
그럼 엉덩이는 1개인 걸까?

우리나라의 한 해부학 교수는
엉덩이를 보통 해부학에서 볼기라고 부르는데
골반뼈는 볼기뼈 2개, 엉치뼈 1개로
이루어져 있다고 설명했거든.
그래서 뼈 개수에 맞춰 볼기도 2개라고 말했지.
뼈와 근육과 동맥이 각각 2개가 있다는 논리야.

그런데 우리나라의 어떤 수학과 교수는
자두나 복숭아 같은 열매는
겉면에 깊은 계곡이 있어도
2개가 아니라 1개로 보니까
엉덩이는 1개라고 말했어.

개인적으로 나는 하나라고 생각해.

사람 2명 있다고 엉덩이가
4개라고 하진 않잖아?

할머니들은
왜 뽀글이 파마를 할까?

길 가다가 긴 생머리한 할머니를 본 적 있어?
대부분은 약속이라도 한 듯이
짧은 머리에 뽀글뽀글한 파마를 하고 다니시잖아.
대체 왜 할머니들은 다 파마머리일까?
이게 경제학적인 이유가 있더라고.

우리나라는 군사정권 시절,
새마을운동이 전 국민의 삶을 바꿔버렸잖아.
이때 급속한 경제성장을 이루면서
점차 부지런하고 경제성 있는 행동이 인정받았고,
그러다 보니 긴 머리보단 쉽게 관리할 수 있는
효율성 높은 헤어스타일이 주목받기 시작했거든.

이때 사람들이 짧은 머리를 많이 선택했는데
조금 지나서 IMF를 맞이하게 된 거야.
나라에 워낙 돈이 없었고
절약이 중요하게 여겨져서
머리를 하러 미용실에 가는 것도 너무 사치였고,
차라리 강력한 파마를 해서
미용실에 덜 가는 방법을 선택한 거지.

그렇게 우리 할머니 세대에서는
자신을 꾸미기보단
가족들을 먹여 살리기에 바쁜 시기였다 보니
이때 탄생한 세월의 결과물이
바로 '할머니 파마'인 거야.

또 나이를 먹으면 다들 알다시피
머리숱도 적어지고 모발에 힘도 사라지잖아.
그런데 파마를 하면 머리가 좀 풍성해 보이니까
짧고 숱이 없는 단점을 보완할 수 있지.

물론 할머니 중에서도 파마머리가 아닌
멋쟁이 할머니들도 있어.

이 글을 읽고 있자니 다들 할머니 생각나지?
이참에 안부 전화 한번 드려보는 건 어떨까?

홍길동 이름을
왜 예시로 쓸까?

1 딱 1분만
집중해서 읽어봐

보통 관공서에 가서 서류 예시를 보면
홍길동이라는 이름을 쓰잖아.
진짜 많은 곳에서 저 이름이 보이는데,
홍길동이라는 이름을 쓰는 이유가 있더라고.

첫 번째로 드문 이름이기 때문이야.
이름을 예시로 사용하는 거니까
동명이인이 많으면 안 되는데,
2008년 이후로 출생한 사람 중
길동이라는 이름은 단 5명뿐이거든.
그런데 대한민국에서 홍씨가 1%에 불과해서
이 5명 안에 홍씨가 있을 가능성은 거의 없지.
두 번째로 이미지가 좋기 때문이야.

홍길동은 서민을 도운 것으로 유명해서
이미지로 흠잡을 데도 없어.

세 번째로 인지도가 높기 때문이야.
전 국민 중에 홍길동을 모르는 사람은 거의 없겠지?
이 조건도 당연히 합격이지.

마지막으로 이름 석 자에 모두 받침이 있기 때문이야.
어떤 이름을 서식에 적을지 모르니까
최대한 칸을 꽉 채우게
이름 석 자에 모두 받침이 들어가면 좋거든.

이런 모든 조건을 만족하는 이름이 '홍길동'이야.
홍길동을 예시로 쓰고 있는 건
이런 이유들 때문이라고
전문가들이 추측하고 있는데,
이게 공식적으로 밝혀진 건 아니야.

그런데 1980년대에 공무원이 된 사람도
홍길동을 썼고,
홍길동을 예시로 쓴 건
오래된 것 같더라고.

근데 알고 보니 옛날 공무원 한 분이
그냥 옆에 『홍길동전』 책이 있어서 쓴 거면 어떡하지?

88:88

왜 군복이
유행인 걸까?

① 딱 1분만
집중해서 읽어봐

몇 년 전부터 로카 티셔츠가 엄청 유행했잖아.
이걸 왜 입고 다니나 했는데
알고 보니 과학적인 이유가 있더라고.

처음에 래퍼 빈지노가 군 복무를 하던 중에
여자친구인 미초바에게 로카 티를 선물했는데
이걸 인스타그램에 게시하면서
유명해지기 시작했어.
이때부터 군대 간 남자친구가
여친에게 로카 티를 선물하는 게
유행처럼 번지기 시작했고,
아예 따로 사서 입고 다니는 사람들까지 생기게 되었지.
"군대에서나 입는 옷을 뭐가 좋다고 입냐"는 반응들이

처음에는 많았는데 결국은 그 거부감도 사라졌지.

심리학에 '에펠탑 효과'라는 게 있어.

처음에는 싫어하거나

무관심에 가까운 어떤 대상이어도

자주 접할수록 호감도가 높아지고

거부감도 사라지는 현상을 뜻하지.

로카 티도 이와 비슷한 원리로

언제부턴가 유행하게 된 거야.

거기다 방탄소년단 팬네임이 'ARMY'라서

팬심으로 저 티를 입고 다니기도 하면서

더 널리 퍼지게 되었지.

이게 옷이 실제로도 참 괜찮다는데,

원래 활동용으로 나온 옷이다 보니

기능성과 통기성도 상당히 좋은 편이고

보통 1만 원 내외로 구할 수 있어서 가성비도 엄청나지.

밖에서 살 수는 있지만

뭔가 구할 수 없는 특별한 옷 같은 느낌도 있어.

디자인도 블랙 앤 화이트로

예쁘게 잘빠졌어.

나도 하나 갖고 싶은데,

사다줄 사람이 없는 슬픈 현실!

솔직하게 말하면
부모님이 용서해줄까?

1 딱 1분만
집중해서 읽어봐

"솔직하게 말하면 용서해줄게."

다들 부모님한테 한 번쯤은 들어본 말이지?

근데 진짜 솔직하게 말하면 용서해줄까?

정답은, 아니야.

내가 이런 상황에서 솔직하게 말해봤는데 혼났거든.

이건 농담이고,

사실 솔직하게 말하면

용서해준다는 말을 할 땐

심증만 있고 물증이 없는 상태거든.

근데 그 심증이 99%라는 게 문제지.

어쨌든 잘못을 한 건 분명한데

이게 100%는 아니다 보니

정확한 사실관계를 알아내려고 저런 말을 하는 거야.
명백한 증거를 찾아서
들이밀기도 번거롭고,
그냥 자백을 듣는 게 가장 편하기 때문이지.
여기서 거짓말로 아니라고 하면
더 실랑이를 하게 되잖아.
그럼 나중에 밝혀졌을 때 더 혼나겠지.
사실 이걸 용서받을 수 있다는 말이야.
한마디로 '솔직하게 말하면 앞으로 할 뻔했던
거짓말은 용서해줄게'라는 속뜻이 담겨 있지.

물론 부모님마다 케바케라서
솔직하게 말한 것 자체로 용서해주시기도 하고,
아예 100% 물증을 잡고
얘가 거짓말을 하는지 안 하는지
확인하는 경우도 있으니까,
내가 부모님보다 연륜이 있다 하는 경우가 아니라면
웬만하면 저 상황에서 솔직하게 말하는 게 나아.

근데 솔직하게 말하고 나면
"왜 거짓말했어?"라며
더 혼날 수도 있다는 게 함정!

중2병에
걸리는 이유

1 딱 1분만
집중해서 읽어봐

도대체 '중2병'은 왜 생기는 걸까?

단순히 사춘기를 저렇게 부르는 걸까?

일단 중2병이라는 말은 좀 자아도취에 빠져서

허세 부리는 행동을 일컫는 말이잖아.

딱 중2쯤에 이런 행동이 발현되는 이유가 있더라고.

첫 번째로 '상상적 청중'이라는 게 있어.

청소년기에는 주변 사람들이

내 인생을 지켜보는 청중이라고 착각하게 되거든.

그래서 세상의 모든 관심이

자기한테 쏠려 있다고 판단하고

주변을 신경 쓰면서 자신을 더 치켜세우는 거야.

외모에도 더 신경 쓰기 시작하고,

길을 걷다가도 주변 사람들이
다 나를 쳐다본다고 생각하지.

그리고 두 번째, 이걸 완성하는 게
'개인적 우화'라는 건데
이렇게 청중들이 지켜보는 나의 이야기가
동화처럼 낭만적인 이야기라고 생각하게 되거든.

흔히 나오는 영웅의 모습이
마치 자신과 같다고 생각하는 거지.

그러면서 자신은 너무 중요하고 특별한 존재라서
다른 사람들은 자신을 이해할 수도 없고,
내가 겪는 사랑이나 우정은
타인이 경험할 수도 없는
특별한 무언가라고 생각하게 돼.

이런 행동들을 종합하면
나중엔 흑역사로 남을
오글거리는 행동이 탄생하는 거지.
내가 한창 중2병에 걸렸을 땐
학교에 있는 모든 남자애들이
날 좋아하는 줄 알았지ㅋㅋ

밤에 먹는 라면이 유난히 맛있는 이유

1 딱 1분만 집중해서 읽어봐

왜 밤에 먹는 게 그렇게 맛있을까?

생각해봐. 오후 1시에 먹는 라면과

새벽 1시에 먹는 라면이

맛에서 비교가 되겠어?

근데 이게 과학적인 이유가 있더라고.

우리 몸에는 식욕을 조절하기 위한

'그렐린'과 '렙틴'이라는

2가지 호르몬이 있거든.

이 호르몬들이 낮에는 에너지를 소모하고

밤에는 에너지를 축적하게 만들어.

근데 현대인들은 생체 시계가 좀 삐딱하잖아.

밤늦게까지 유튜브를 보면서 취침도 늦어지고
심지어 날밤 새우는 사람도 많지.
그래서 밤에 원래 나와야 할
식욕 억제 호르몬이 제대로 분비가 안 되는 거야.
이런 이유로 밤에는 먹을 게 당기는 거고,
거기다 하루 동안 받은 스트레스와
평상시 갖고 있던 우울감들을
야식을 먹으면서 해소하게 되거든.

즉 밤에 먹으면 배만 차는 게 아니라
정신적인 만족도가 훨씬 높다는 거지.

이래서 야식에 점점 중독되는 거야.
근데 이런 경향이 너무 심해져서
저녁 7시 이후에 먹는 양이
하루 먹는 양의 50%를 넘어가면
'야식 증후군'을 의심해봐야 해.

아무튼 이 수준이 되어버리면
수면장애, 소화장애, 비만, 스트레스,
위·식도 역류 질환, 고혈압, 당뇨…
뭐 오만 가지로 당연히 건강에 안 좋겠지?
그래도 치킨, 피자, 떡볶이, 족발, 라면은 못 참지.

3장

갑자기 그 이유가
궁금하지?

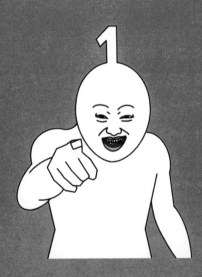

Just 1 minute

88:88

귀를 막으면 나는 소리,
대체 무슨 소리일까?

**① 딱 1분만
집중해서 읽어봐**

귀에서 삐 소리 나는 이명 같은 거 말고
조용한 곳에서 귀를 손으로 막으면
낮은 진동음 같은 게 들리잖아?
이건 도대체 정체가 뭘까?
귀를 막으면 잡음이 들리는 것도
사실 과학적인 이유가 있더라고.

평소 우리 귀는 공기 중으로
소리를 듣게 되는데,
사실 공기 중에 전파되는 소리보다
고체를 통해 들리는 소리가
훨씬 더 잘 들리거든.
예를 들어 내가 내는 목소리는

몸의 뼈가 직접 소리를 전달해서
훨씬 큰 목소리로 잘 들리는 거야.
그럼 손을 귀에 가져다 대면
손에서 나는 소리가
몸에 딱 붙어서 전달되겠지.
그렇게 되면 손과 팔에 있는
근육이 움직이는 소리가 들리게 되는데,
팔에서 무슨 소리가 나나 싶지만
　　　　　　　몸에 있는 모든 근육은 움직일 때 나는 소리가 있어.
　　　　　　　이걸 '근육음'이라고 부르지.

손가락과 연결된 손과 팔의 근육이
조금씩 수축하면서 소리가 나게 되고,
이 소리가 엄청 작아서 평소엔 안 들리지만
손으로 귀를 막아서 외부소리를 차단했으니
그 소리가 들리기 시작하는 거야.

믿기 힘들다면 내가 말하는 걸 따라해봐.
손바닥을 편 상태에서
엄지손가락으로 귀를 막고
귀를 더 세게 누르지 않으면서 주먹을 쥐어봐.
그럼 소리가 커질 거야.
주먹을 세게 쥐면 쥘수록 이 근육음이 크게 들리지.
완전 신기하지 않아?

88:88

에어컨 틀고서
굳이 이불을 덮는 이유

⏱ 1 딱 1분만
집중해서 읽어봐

사람들은 에어컨을 틀고서
굳이 이불을 왜 덮을까?
에어컨을 *끄거나*
이불을 안 덮으면 될 텐데,
굳이 전기세를 소모하잖아.
근데 이게 과학적인 이유가 있어.

일단 우리 몸은 체온이 높을 때 더 각성하고,
반대로 체온이 낮아지면
수면을 유도하는 멜라토닌의 분비량이 늘어나.
그래서 본능적으로 더운 것보단
약간 시원한 상태로 잠을 청하게 되지.

자, 그러면 에어컨을 트는 건 알겠는데

이불은 왜 덮는 걸까?

그건 우리가 렘수면에 접어들면서

체온 조절 기능을 잃기 때문이야.

보통 포유류는 스스로 체온을 조절할 수 있지만

잠에 들었을 때는 파충류처럼

체온을 유지할 외부 요인을 찾아야 해.

그래서 당장 덮지 않더라도 이불을 꼭 챙기는 거고,

이건 생존을 위한 본능이라 할 수 있지.

또 렘수면을 하는 동안

행복과 안정을 느끼게 해주는 세로토닌이

급격하게 떨어지거든.

근데 무거운 이불을 덮었을 때

세로토닌이 증가한다는 연구 결과가 있어.

그 이유는 명확하지 않은데

그냥 이불의 부드러운 느낌이 좋아서라는 말도 있고

어릴 때부터 이불을 덮고 자는 버릇이 들어서

파블로프의 조건반사처럼

이불이 필요하다는 말도 있지.

이래서 나는 에어컨을 틀고

극세사 이불을 덮고 자.

88:88

미용실 거울 속 나는
왜 못생겨 보일까?

1 딱 1분만
집중해서 읽어봐

미용실만 가면 왜 이렇게 내가 못생겨 보일까?
분명 집 화장실에서 보는 얼굴은 완벽한데
머리하려고 미용실에 앉아 있으면
내가 이렇게 생겼나 하고 현타가 오잖아.
근데 이게 이유가 있더라고.

보통 무언가를 반복적으로 접하게 되면
특별한 이유 없이 그걸 더 선호하는 경향이 있는데
이걸 '단순 노출 이론'이라고 불러.
내가 자주 보는 집 화장실 거울이나
현관 거울, 엘리베이터 거울 등은
상대적으로 익숙하고 좀 나아 보이는데
솔직히 미용실은 가봤자 얼마나 가겠어?

많아야 한 달에 한 번이고,
그마저도 다른 미용실에 갈 때도 많잖아.
이런 새로운 환경의 거울에서는
새로운 환경의 조명과 분위기 때문에
내 얼굴이 생소해 보이는 거지.

거기다 미용실 조명은
다른 조명과 다르게
미용사가 머리를 잘 확인해야 해서
위에서 아래로 빛을 내리쬐는
느낌이 더 강하거든.
그래서 그림자가 더 많이 생기게 되지.
또 우리가 평소에 거울을 볼 땐
스스로 좀 괜찮다고 생각하는 부분을
중점적으로 보는 경향이 있거든.
즉 나만의 얼짱 각도를 유지한 채
거울을 본다는 거지.

근데 미용실에서는 자세가 정해져 있잖아.
내 얼굴을 원치 않는 각도로 볼 수밖에 없어.
이래서 못생겨 보일 수밖에 없는데,

사실 미용실에서 보는 얼굴이
나의 실제 얼굴이지.

88:88
만우절 장난도
법적 처벌을 받을까?

🕐 1 딱 1분만
집중해서 읽어봐

만우절이 되면
거짓말 한 번쯤은 다 해봤지?
아주 해가 갈수록
사람들이 만우절에 치는 장난이 신박해지잖아.

그런데 아무리 만우절이 거짓말하는 날이라고 해도
이게 법적으로 문제가 없을까?
결론적으로 만우절에 장난을 잘못 치면
쇠고랑을 찰 수도 있어.

대표적으로 112나 119에
장난 전화를 거는 것도
만우절이라고 예외는 없어.

위계에 의한 공무집행방해죄가 적용되어
정도가 너무 심하면
5년 이하의 징역이나
1천만 원 이하의 벌금형에 처해질 수 있지.

그리고 SNS를 통해 거짓말을 하는 사람도 있잖아?
이렇게 정보통신 매체를 이용해
허위사실을 유포하면
허위사실 유포 명예훼손에 해당되어
7년 이하의 징역, 10년 이하의 자격정지,
또는 5천만 원 이하의
엄청난 벌금을 물게 될 수도 있지.

그런데 만우절에는 개개인뿐만 아니라
기업들도 여러 가지 장난을 치잖아.
구글이 해마다 만우절 장난을 치기로 유명한데,
한번은 메일 전송 버튼을 가지고 장난을 쳤나봐.
그래서 업무용으로 지메일을 쓰던 많은 사람들이
업무에 피해를 입기도 했거든.
이런 상황에선 손해배상 청구를 할 수 있지.

그리고 유튜브에 '1분만'이라는 채널 있잖아?
여기 '구독'과 '좋아요'를 누르면
애인이 생긴대!

맛있게 먹으면
진짜 0칼로리일까?

1 딱 1분만
집중해서 읽어봐

"맛있게 먹으면 0칼로리"라는 말 알지?

배우 최화정 님이 〈냉장고를 부탁해〉에 출연해서

이 말을 처음 했는데,

이젠 다이어트 합리화를 위한 일종의 밈이 되었어.

당연히 여기선 의학적 근거로 그런 말을 한 게 아니라

재미있자고 했던 말이지만,

이게 완전히 허황된 소리는 아니거든.

심리학 박사인 마이클 시바우 박사가

재미있는 연구를 하나 했는데,

비슷하게 먹는 프랑스인과 미국인을 비교했어.

프랑스 사람들은 주변 사람들과

행복하게 둘러앉아서 천천히 음식을 먹었고,

음식을 먹은 뒤에도
그 감정을 최대한 음미하는 경향을 보였어.
반면 미국 사람들은 쫓기듯이 음식을 먹고
다 먹고 나서는 유혹을 이기지 못했다며
죄책감에 빠지곤 했지.

결과는 어땠을까?
같은 양을 먹었는데도
미국 사람들은 살이 더 쪄버렸어.
이들은 먹으면서 계속 스트레스를 받았기 때문에
호르몬이 과잉 분비되면서
열량을 지방으로 열심히 바꿔버린 거야.
반대로 프랑스 사람들은 편안한 상태였기 때문에
먹으면서도 칼로리가 소모되었지.

이걸 '프렌치 패러독스'라고 부르는데,
푸짐하게 먹어도 살이 찌지 않고,
건강이 좋아지는 현상이야.

이런 걸 알았으면
진작에 다이어트 때려치우는 건데!

연령 제한은
왜 하필 19세일까?

**1 딱 1분만
집중해서 읽어봐**

우리 사회에선 청불 영화나 술이나 담배나
전부 만 19세를 기준으로 제한하고 있잖아.
법적으로 성년과 미성년을 나누는 기준이
왜 하필이면 만 19세일까?

일단 우리나라에서 성인이라는 의미는
사회적으로 자립할 수 있는 나이라는 뜻이야.
이제 보호자 필요 없이
사회 구성원으로서 권리와 의무를 가지게 되고,
각종 법률 행위도
혼자서 처리할 수 있다는 거지.

물론 정신적으로 만 18세까지는 미성숙했다가
만 19세가 되면 짜잔하고 성숙해지는 건 아니지만,
통계적으로 봤을 때 만 19세가 넘으면
스스로 모든 의사 결정을 할 수 있다고 판단하거든.

또 국민이 받는 기초적이고 의무적인 교육이나
보건과 각종 사회 시스템상에서
편리하게 적용할 수 있도록
합의한 결과가 바로 만 19세인 거야.
근데 이게 사회적 합의의 결과인 것뿐이라서
언제든 바뀔 수 있는 기준이거든.

실제로 우리나라의 성인 기준도
원래 만 21세였다가
지금은 만 19세까지 내려온 건데
사회가 발달하면서
어린 나이부터 많은 문물을 접하게 되고
세상에 대한 판단력도 더 빠르게 갖출 수 있어서
성인이 되는 연령도 함께 낮아지는 거지.

다들 성인이 빨리 되고 싶어하지만
성인이 된다고 그렇게 자유롭진 않아.
나는 아직도 '청불' 볼 때
나쁜 짓 하는 기분이야.

88:88

계단을 오르면
정말 수명이 늘까?

1 딱 1분만
집중해서 읽어봐

계단 하나를 오를 때마다
수명이 4초씩 늘어난다는 문구를 본 적 있어?
그냥 그런가 보다 생각하고 올라가긴 했지만
이게 과연 사실인지 한번 알아보자.

일단 계단을 오를 땐
걷는 것보다 칼로리가 훨씬 많이 소모되는데,
이걸 한 칸 단위로 쪼개보면
개당 0.15Kcal가 소모돼.
이건 테니스를 할 때와
비슷한 칼로리 소모량이라서
계단을 오르는 행위가
다이어트에 도움이 되는 건 사실이지.

그런데 수명이 4초씩 늘어난다는 건
엄연히 따져봤을 때 사실일 수가 없어.
아예 똑같은 환경에서
계단을 오른 사람과 그렇지 않은 사람의
수명을 비교해볼 수도 없는 노릇이고,
그렇게 비교한다 한들
사람마다의 신체적 특성이 달라서
오차가 생길 확률이 너무 높아지거든.

자, 근데 여기서
계단에 적힌 문구를 다시 확인해보자.
잘 보면 그냥 '수명'이 아니라
'건강수명'이라고 적혀 있는데 이게 핵심이야.
건강수명은 우리가 흔히 말하는
신체나이를 말하거든.

건강수명은 몸이 얼마나 노화되었는지를
객관적인 지표로 나타낸 건데,
이건 태어나고 죽는 날에 상관없이
각자의 신체 능력에 따라 매길 수 있어.

그럼 계단을 오를수록
건강수명이 늘어나는 건 사실이지.
상식적으로 그냥 수명이 4초씩 늘어나면
영원히 살 수 있다는 건데, 그건 말이 안 되잖아.

88:88

교도소에선
진짜 콩밥을 줄까?

무슨 잘못을 한 사람에게
"콩밥 먹고 싶냐?"고 하는 말 들어봤어?
감옥에 가면 콩밥을 먹는다는 말을 하는 건데
진짜 교도소는 콩밥을 줄까?

실제로 우리나라는 1980년대 중반까지
교도소에서 콩밥이 나왔어.
그 이유는 당연하게도 가격 때문이지.
어쨌든 영양이 골고루 포함된
음식을 먹여야 하는데
단백질 보충용으로
고기처럼 비싼 음식을 주긴 힘드니까
대신 콩밥을 주기 시작한 거지.

이땐 쌀 30%, 보리 50%, 콩 20%를 섞어서
밥을 만들었어.

근데 1986년부터 콩값이 올라갔거든.
그럼 또 수지가 안 맞으니까
쌀 반과 보리 반을 넣어서 보리밥을 주기 시작했어.

이렇게 한참을 주고 있었는데
여기서 또 문제가 생기게 돼.
원래 국가 차원에서
농민에게 직접 보리를 구입하는
보리수매제라는 제도가 있었는데,
2011년에 이 제도가 폐지되면서
국가가 의무적으로 보리를 구입하지 않게 되었어.
결국 2014년부터 100% 쌀밥으로 바뀌었지.

그럼 콩이 사라진 상황에서 죄수들은
뭐로 단백질을 보충할까?
법무부에서 이 내용을 밝혔는데,

최근 들어 식단에 고기반찬 등이 추가되면서
콩밥이 아니라도 단백질을 보충할 수 있어.

이제부턴 "콩밥 먹을래?"가 아니라
"쌀밥에 고기반찬 좀 먹어야겠다!"고
말해야 하는 건가?

고구마란 단어도
외래어라고?

우리 주변엔 한글인 줄 알고 있지만
사실 외래어에 속하는 단어가 엄청 많아.
진짜 상상도 못 한 것들이 많은데
대표적인 몇 가지만 알려줄게.

먼저 요리할 때 쓰는 냄비 있잖아.
이건 일본어로 냄비를 뜻하는
'나베'에서 파생된 말이야.
영화에서 해리포터가 입고 다니는 망토 있지?
'망토'라는 단어는 프랑스에서 유래된 말이야.
또 프랑스에서 온 단어 중에 '고무'도 있는데
고무장갑이나 타이어의 재료인 그 고무가
외국에서 온 단어였어.

그리고 빵집에서 파는 빵 있잖아?
'빵'은 그래도 나름
외국에서 온 단어라고 추측되긴 하는데,
예상외로 영어도 불어도 아닌
포르투갈에서 온 단어였어.

또 '고구마'라는 단어는
진짜 몇백 년 전부터 우리말이었을 것 같은데,
사실은 일본의 대마도에서 쓰던
방언에서 유래된 단어야.

원래 '고귀이마'라는 발음이었는데,
우리나라로 들어오면서 '고구마'가 된 거지.

아파트에서 막 사람들이 모여서
시장도 열고 하는 걸 '바자회'라고 부르잖아.
이건 누가 봐도 토종 한국어인데,
알고 보니 페르시아에서 온 단어였어.
'bazaar'라는 단어에 '모임'을 뜻하는 한자인
'회'가 더해져서 탄생한 혼종이지.

그리고 진짜 엄청난 게 하나 있어.
뭘 자를 때 쓰는 도구인 가위 있잖아?
난 진짜 이거 순우리말인 줄 알았는데
이건 순우리말이 맞더라고!

알파벳 Z는
지일까, 제트일까?

1 딱 1분만
집중해서 읽어봐

마지막 알파벳 철자인 알파벳 Z는
'지'라고 읽는 걸까, '제트'라고 읽는 걸까?
뭔가 제트라고 말하면 촌스러운 것 같기도 하고,
배울 때도 지라고 배우긴 하는 것 같은데,
이번 기회에 제대로 알려줄게.

일단 알파벳의 기원을 살짝 살펴보면
처음에 로마에서 사용하던 알파벳은
지금이랑 읽는 방법이 사뭇 달랐는데,
A는 아, B는 베, C는 케 등으로
지금 부르는 방식과는 꽤 차이가 있었어.
여기서 마지막 알파벳의 경우에는 '제타'라고 불렀거든.
이게 중세 영어로 넘어오면서

발음이 살짝 약해지며
'제드'라고 불리기 시작했고,
알파벳이 아시아로 넘어오면서
제드가 일본식 음차를 거치며
'제트'라고 발음하게 된 거지.

그럼 '지'는 도대체 어디에서 나온 말일까?
제트를 지로 표기하게 된 것도
나름의 추측들이 있는데,
일단 제드보다는 지가 발음이 더 쉽기도 하고,
또 알파벳은 '에이, 비, 씨'처럼 'ㅣ'로 끝나는 걸
선호하는 경향이 있어서
자음 첫 글자만 따서 '지'라고 부르게 되었어.
참고로 미국에서는 '지'가 맞는 발음이야.

사실 우리나라에서는
이 2가지를 다 사용하긴 하는데,
G와 발음이 헷갈리니까
제트라고 하는 게 더 구별하기 쉽고,
또 우리나라 표준국어대사전에도
제트라고 명시하고 있어.

이래서 DMZ도
원래 디엠제트라는 충격적인 사실!

88:88

코피가 나도
왜 아프진 않은 걸까?

1 딱 1분만
집중해서 읽어봐

다들 밤을 새워가며 공부를 하다가
코피 한 번쯤 흘린 적 있지?
뭐 없으면 말고ㅎㅎ

그래도 어쩌다 코피가 났을 때
전혀 아프지 않다는 걸 잘 알고 있을 거야.
맞아서 코피가 난 경우를 제외하고 말이지.
보통 피가 날 때는 고통이 느껴지는 게 당연하지만
코피는 그렇지 않은 이유가 있더라고.

먼저 코안에는 엄청 많은 혈관이 있는데,
이게 팔이나 다른 신체 부위보다
훨씬 외부로 돌출되어 있어.

그리고 이 혈관을 얇은 점막이 보호하고 있지.
이때 촉촉한 점막이 건조한 공기와
오래 만나서 말라버리게 되면
작은 충격에도 혈관이 터지면서
코피가 흐르게 돼.

또 밤을 새우거나 엄청 피곤하면
코점막에 염증이 생기거나 혈관이 잘 부풀게 되는데,
이때 혈압이 조금이라도 올라가면
건조한 혈관들이 쉽게 터지거든.
그럼 코피가 흐르게 되는 거야.

다른 곳에 피가 났을 땐
내부에 있는 혈관이 드러나도록
다쳐서 피가 흐르는 게 보통이지만,
코피는 고작 점막만 걷어내면
바로 혈관이 드러나기 때문에
피가 나더라도 다른 부위에 비해
훨씬 다치는 부위가 적을 수밖에 없어.
그래서 통증이 훨씬 적고
우리는 이걸 아프지 않은 수준으로 느끼는 거지.

어, 근데 코피가 났을 때 아픈 사람이 있다고?
그건 코를 열심히 파서 그런 거 아닐까?

역대급 수능 부정행위,
이걸 진짜 했다고?

**1 딱 1분만
집중해서 읽어봐**

1993년부터 수능이 실시되었는데,
워낙 중요한 시험인 만큼
그간 엄청나게 많은 부정행위가 발생했어.

우선 2005학년도 대학수학능력시험에서는
정말 대규모의 부정시험이 일어났거든.
무려 수십 명이 한꺼번에 가담한 큰 사건이었는데
일단 학생들이 수능 몇 달 전부터
같이 수능을 풀기로 합의했고,
이걸 위해 뚜껑을 열지 않아도
쉽게 연락할 수 있는 휴대폰을
무려 수십 대나 마련했지.

그렇게 어깨나 허벅지에 폰을 부착하고
수능 시험장에 들어간 다음,
정답 번호 숫자만큼 두드려서 신호를 전달하면
시험장 밖에 있는 조력자들이
많이 겹치는 걸 최종 정답으로 해서
다시 알려주는 방식이었어.

이 사건이 광주 광역시에서 처음 발생하고
그 뒤로 여러 수험생을 대상으로 조사해봤더니
부정행위로 무려 300명이 넘게 적발되었는데,
그중엔 거액의 돈을 받고
대리로 시험을 본 경우까지 수면 위로 드러났어.
이때 36명이나 입학이 취소되었고,
수능에서의 부정행위 단속도 더 강화되었지.

이렇게 작정하고 부정행위를 하는 경우가 아니라도
참 억울한 사례도 많은데,
엄마가 싸준 도시락 가방에 폰이 들어 있었다거나
과탐 시간에 모르고 한국사에 마킹해서
부정행위로 실격된 사례도 있어.

그 중요한 시험에서
작정하고 부정행위를 하면
수능을 잘 봐도
남은 인생 제대로 살 수 있을까?

88:88

피라미드는 도대체
누가 만든 걸까?

1 딱 1분만
집중해서 읽어봐

다들 피라미드 사진은 자주 봤지?
피라미드는 외계인이 지었네 마네,
이런저런 추측의 말들이
항상 떠도는 엄청난 건축물이야.
심지어 얼마 전에 일론 머스크도
외계인이 피라미드를 지었다고 거들었어.

이런 음모론이 나오는 이유는
피라미드의 압도적인 크기 때문이지.
먼저 이집트의 피라미드는 한두 개가 아닌데,
이집트에서만 무려 138개의 피라미드가 발견되었어.
이거 하나하나의 크기가 너무 크다 보니
사람이 만들었다고 차마 믿을 수가 없지.

이 중 가장 큰 피라미드는
'쿠푸 왕의 거대 피라미드(Khufu's Pyramid)'야.
이게 높이가 무려 147m에 달하는데,
아파트 45층과 맞먹는 어마어마한 높이야.
이 거대한 건축물을 이루는 돌 하나당
2.5톤이라는 무게를 자랑하고,
개수가 무려 230만 개에 달한다고 해.
그래서 피라미드의 총 무게는
570~590만 톤이라는 미친 규모지.

여기서 더 놀라운 사실은
2.5톤의 돌 230만 개를
50~900km나 떨어진 곳에서 갖고 온 건데,
정말 경이롭지 않아?
이걸 4,500년 전에 만들었다니,
진짜 존경스럽다!

지금이야 저거 보면서
"개쩐다" 이러고 있지만,

사실 4,500년 전 사람에게
이런 거 만들라고 시키면, 어우!
저건 솔직히 외계인이 만든 게 틀림없어.

샤워기 온도는
왜 맞추기 어려울까?

1 딱 1분만
집중해서 읽어봐

지친 하루를 마무리하기 위해

샤워하려고 물을 틀면

물 온도가 항상 말썽이야.

적당히 따뜻한 물이 좋은데,

조금만 잘못 돌리면 얼음물이 나오고

또 따뜻한 쪽으로 돌리면 펄펄 끓는 물이 나와.

이래서 세상에서 가장 힘든 게

샤워기 온도 조절이라는 말도 나왔지.

근데 이게 이유가 있더라고.

수도꼭지를 잘 보면

벽 뒤에 2개의 연결부가 있어.

하나는 찬물이 나오는 곳이고,

나머지는 뜨거운 물이 나오는 곳이야.
여기서 레버를 조절하는 건
온도를 높이거나 낮추는 게 아니라
찬물과 뜨거운 물의 비율을 조절하는 거거든.

뜨거운 쪽으로 레버를 돌리면
따뜻한 물의 비율이 늘어나고,
차가운 쪽으로 레버를 돌리면
차가운 물의 비율이 늘어나는 거지.

이런 방식이라서 온도를 조절하기가 힘든 거야.
그래도 신의 컨트롤로 온도를 한 번 맞춰두면
그때부터는 좀 편안하잖아.

그런데 여기서 또 짜증나는 게 있지.
가족들이 다른 화장실이나 싱크대에서
뜨거운 물을 쓰면
갑자기 물이 차가워지는 거 다들 알지?
그래서 다들 엄마에게 한 번쯤은 짜증 내봤잖아.
"엄마, 나 샤워중인데 물 쓰면 어떻게 해!"
아님 말고ㅋㅋ

어쨌든 이런 불편함 때문에
요즘엔 전자식으로 물 온도를 조절하는 것도 나왔는데,
가격이 후덜덜!

바바리맨을 촬영하면 불법일까?

⏱ 딱 1분만 집중해서 읽어봐

세상에 정말 이해가 안 되는
사람들이 너무나도 많지만,
바바리맨은 그중에서도 원탑인 것 같아.
그런데 만약 바바리맨이 짠! 할 때
카메라로 촬영하면 어떻게 될까?
그건 바바리맨의 반응과
사진의 이용방법에 따라 달라져.

일단 바바리맨의 신체 사진을 찍는 행위는
'성폭력 범죄의 처벌 등에 관한 특례법' 제14조에서
"카메라 등을 이용해 성적 욕망 또는
수치심을 유발할 수 있는 신체를
촬영 대상자의 의사에 반하여 촬영하는 것"에 해당되거든.

결국 바바리맨의 의사와
관련이 깊다는 거야.

바바리맨이 사진을 찍는 걸 아는데도
가리거나 숨지 않았다면,
묵시적 동의가 있다고 판단되어
촬영에 동의했다고 여겨져.
근데 만약 찍히지 않으려고 막 숨어버리면,
계속 찍는 것은 위법의 소지가 있지.

그리고 바바리맨이 설령 동의했다고 해도
그걸 인터넷에 유포하면
음란물 유포죄에 해당하니까 하면 안 돼.
하지만 이 사진이 유포나 소장의 목적이 아닌
증거 제출이 목적이라면 처벌을 받지 않게 돼.

그러니까 바바리맨이 출몰하면
카메라를 꺼내 들어서 혼내주자고.

바바리맨 중엔
그냥 자기 걸 보여주기만 한 건데
왜 범죄냐는 사람들도 있고
심지어 상대가 좋아한다고 생각하기도 한다는데,
그렇게 당당하면
경찰관에겐 왜 안 보여줄까?

88:88

비행기에선 금연인데
왜 재떨이가 있을까?

딱 1분만
집중해서 읽어봐

비행기에서 흡연하면 안 되는 건

누구나 다 아는 상식이잖아.

그 이유는 당연히 안전 때문이야.

옛날엔 기내 흡연도 가능한 분위기였지만,

1973년에 담배꽁초로 비행기에 화재가 발생해서

123명이나 사망하는 큰 사고가 있었거든.

그 뒤로 거의 모든 비행기는 금연이야.

당연히 불을 붙이는 담배는 물론

수중기를 사용하는 전자담배, 가열식담배, 무연담배 등

담배의 종류를 가리지 않고

무조건 금연 원칙을 고수하고 있어.

그런데 비행기 화장실에는
재떨이가 아직도 버젓이 있거든.
엥? 피우지 말라면서 이건 왜 갖다놓은 걸까?
옛날에 재떨이를 설치해둔 걸
미처 철거하지 않은 걸까?

그게 아니야.
최신 항공기에도 재떨이는 있어.
항공법에 따르면 금연법과 상관없이
재떨이 설치가 항공기 필수 요건 중 하나거든.
절대 하지 말라고 엄포를 놓고
감방에 집어넣고 벌금을 물려도
꼭 하는 이들이 있기 때문이지.

흡연 행위는 나중에 처벌한다고 해도
일단 그 사람이 피우고 있는 담배는
재떨이에 안전하게 털어서 처리하라는 거야.

어쨌든 담배를 피우는 게 걸리면
우리나라는 공항에 도착해서
흡연자를 경찰에 넘기고
항공보안법에 따라
500만~1천만 원의 벌금을 물어.
대체 1천만 원짜리 담배는 어떤 맛이길래!

88:88

대마초가 한국에서
불법인 이유

1 딱 1분만
집중해서 읽어봐

대마초가 합법인 나라도 많은데

왜 우리나라는 대마초가 불법일까?

심지어 담배보다도 중독성이 약하고

유럽의 네덜란드 같은 나라에서는

카페에서 대마초를 피우는 것도 허용되는데

우리나라에서 대마초를 피웠다가는

'마약류 관리에 관한 법률'에 의거해

5년 이하의 징역이나

5천만 원 이하의 벌금형에 처해져.

그런데 뭐 나름대로 이유가 있더라고.

일단 담배보다 각성 효과가

훨씬 뛰어나다는 얘기는 종종 들어봤지?

이건 THC라는 성분 때문인데,
이 성분이 위험해서 금지하는 거야.
또 대마초가 다른 마약의 진입로가
될 수도 있다는 우려도 있거든.
이걸 '관문 이론'이라고 해.

대마초의 환각 효과가
더 강력하고 유해한 마약이나 환각 물질로
유인하는 기능을 한다는 거지.

실제로 평생 대마초를 피우는 사람의 45%가
다른 불법 마약을 접한 적이 있대.

그리고 대마초에 오래 노출되면
담배보다 타르 함량이 2배나 높아서
기억력이 감퇴하고,
운동감각이 떨어지고,
환청이 들리거나 환영이 보이는
심각한 정신질환이 발병할 확률도
무려 5배나 높아진대.

또 대마초에 취해서
운전하는 위험천만한 경우도 생길 거야.

근데 담배나 술도
대마초만큼 나쁘지 않나?

🯇🯇:🯇🯇

민트가 치약 맛일까,
치약이 민트 맛일까?

⟳1 딱 1분만
집중해서 읽어봐

현시대의 자강두천이라 할 수 있는
민초파 VS 반민초파!
이 싸움의 중요한 논제가 있어.
과연 민트가 치약 맛일까,
아니면 치약이 민트 맛일까?

최초의 치약은 고대 이집트인들이
돌이나 계란, 조개껍데기를 갈아서 쓴 거야.
이때는 맛과 향을 신경 쓰지 않고
단순히 치아를 닦는 기능만을 수행했지.

그러다가 1873년에 미국의 콜게이트라는 회사에서
치약에 향을 첨가해 튜브에 담아서 팔기 시작했어.

이때부터 강한 허브 향을 섞게 되는데,
여기 쓰이는 대표적인 향초가 바로 민트거든.
이렇게 보면 원래 무향이었던 치약에
민트 향을 첨가한 거니까.
치약에서 민트 맛이 난다고 볼 수 있긴 하지.
근데 과연 반민초파인 내가
이런 결론을 낼까?

이제 언어의 특성을 살펴보자.
기본적으로 A가 B의 맛이 난다고 할 때
A라는 무언가를 설명하기 위해
좀 더 대중적인 B에 빗대서 설명하는 거거든.
예를 들어 과자를 먹다가
"이 과자는 양념치킨 맛이 나네?" 하면 자연스럽지만
갑자기 "양념치킨이 이 과자 맛이네" 하면 부자연스럽지?

보통 민초 논쟁이 벌어지는 건
앞에 민초를 두고 하는 말이지.
즉 치약을 두고 하는 말이 아니니까
결론적으로 '민트가 치약 맛이다', 이 말이지.

88:88

내가 리모컨만 들면
아빠가 깨는 이유

1 딱 1분만
집중해서 읽어봐

왜 내가 리모컨만 들면
아빠는 안 잔다고 말할까?
분명 잘 자고 있었는데,
눈앞에서 손도 흔들어 봤는데,
이제 딱 채널 돌리면
어김없이 "아빠 안 잔다"라는 말이 들리지?
근데 이게 과학적인 이유가 있더라고.

다들 '렘수면'이라는 용어 들어봤지?
이건 수면의 한 단계인데
깨어 있는 것에 가까운 얕은 수면을 말해.
이땐 보통의 수면 상태와 다르게
뇌파가 억제되지 않거든.

특히 인간의 귀에는 소리를 뇌로 보내는
'유모세포'라는 게 1만 5천 개나 있는데,
이건 렘수면 도중에도 활동하고 있거든.
그래서 깨어 있는 상태와 별로 다르지 않을 정도로
청각에는 예민하게 반응하지.

보통 티비 소리가 계속 들리는 상태라면
깊은 잠에 들지 못하고
귀만 열어둔 채 잠드는 렘수면에 접어들게 돼.

근데 이 상태에서
우리가 갑자기 채널을 돌려서
더 두드러지는 청각 자극이 생겼다?
그 순간 의식적으로
변화를 캐치할 수밖에 없어.
그 전에 들리던 연속적인 소리는 무시하고 있었어도
소리의 변화가 생기면 뇌가 더 반응한다는 거지.

자, 그러면 아빠는 잠들었는데,
티비를 보고 싶으면 어떻게 해야 할까?
청각에 최대한 거슬리지 않게
소리를 점점 낮춘 다음에
조용히 다른 채널로 돌리면
TV를 내가 차지할 수 있지.

첫사랑이
이루어지지 않는 이유

1 딱 1분만
집중해서 읽어봐

누구나 가슴에 한 명쯤은 품고 있는 첫사랑,

생각만 해도 아련하고 그리운데,

왜 첫사랑은 이루어질 수가 없는 걸까?

그럴 수밖에 없는 이유가 있어.

보통 처음으로 사랑에 빠졌다는 건

그전에 연애 경험이 거의 없다는 말이거든.

그래서 사랑하면 어떻게 해야 하는지,

그 마음을 어떻게 표현해야 진심이 전해질 수 있을지

잘 모를 수밖에 없어.

그래서 첫사랑에 실패하고

그렇게 오랫동안 아련하고 아픈 건

최선을 다해 잘해줬는데도

잘 안 되어서 아픈 게 아니라
좋아하는 만큼 잘하지 못해서 후회되기 때문이거든.
물론 이런 시행착오를 겪으면서
나중엔 제대로 된 사랑을 할 수 있도록
한층 성장하는 거지.

근데 그 뒤로는 첫사랑 같은 전율을 느끼기가 힘들어.
그때는 영악하지 않은 젊음이 있었고,
순수한 마음으로 계산 하나 없이
열정을 다해 마음을 바쳤기 때문이지.
다시는 그때로 돌아갈 수 없다는 게
첫사랑을 더 큰 의미로 느끼게 하는 거거든.

그러니까 한마디로 말해
그 사람을 그리워하는 것도 있지만
그 시절을 같이 그리워해서 그런 거야.

물론 첫사랑이 이루어져서
결혼까지 성공한 행운의 사람들도 있지만,
보통은 그렇지 않으니까 너무 슬퍼하지 마.
처음부터 잘할 수 있는 사람이 얼마나 있겠어.

하… 열다섯 살에 만난 그 녀석,
잘 지내고 있을까?

88:88

'멈춰!' 캠페인은
효과가 있는 걸까?

⏱ 딱 1분만
1 집중해서 읽어봐

"멈춰!"라고 하면

모두들 멈췄어?

요즘 "학교 폭력 멈춰!"부터 시작해서

"결혼 멈춰!" "장난 멈춰!" 등등

멈추라는 말이 일종의 유행어가 되어버렸어.

이 말은 생긴 지 얼마 되지 않았는데,

2011년에 발생한 중학생 집단 괴롭힘 사건을 계기로

2012년부터 '폭력 멈춰!'라는 운동을 도입했거든.

이게 우리나라가 처음 한 게 아니야.

노르웨이의 심리학자 댄 올베우스가

'Stop Bullying!' 프로그램을 시작했는데,

그 결과 학교 폭력이 무려 50%나 감소했대.

우리나라도 이걸 벤치마킹해서
학교에서 괴롭힘을 당하는 학생은
가해자에게 "멈춰!"라고 해야 하고,
주변의 방관자들도 "멈춰!"라고 똑같이 외쳐야 하는데
과연 이게 효과가 있었을까?
당연히 아니겠지.

애초에 노르웨이는 '멈춰!' 캠페인만 한 게 아니라
가해자들이 충분한 제지를 받을 수 있도록
먼저 시스템을 구축해놓고,
그 상태에서 피해자들이
목소리를 낼 수 있도록 만든 거야.

반면 우리나라는 시스템이 부족했고,
그냥 영상과 캠페인 몇 개만 갖고 온 거지.
결국 2014년까지 시행되다가
흐지부지 별 결과물 없이 끝나버렸어.

정말 단순하게 생각해도,
학교 폭력 현장에서 누가 "멈춰!"라고 외칠 수 있을까?
그렇게 "멈춰!"라고 외친다 한들, 효과는 있을까?
탁상공론 멈춰!!

 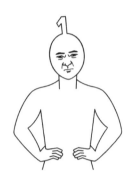

우리나라에 유난히
훈수충이 많은 이유

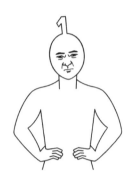

**1 딱 1분만
집중해서 읽어봐**

우리나라 사람들은

왜 이렇게 남한테 관심이 많을까?

필요하지도 않은데 자꾸 참견하면서

이래라저래라 훈수를 두는 사람도 많고,

뭐 문제가 하나 터지면 지나치지 못하잖아.

근데 이게 역사적인 이유가 있더라고.

조선 시대에는 '오가작통'이라는 게 있었어.

이건 5개의 집을 하나로 묶어두곤

서로서로 농사도 돕고,

협업해서 뭔가 해내기도 하면서

더 잘살게 하려는 법이었는데,

공식적인 취지는 너무나도 좋지?

그런데 이뿐만 아니라

서로가 범죄를 일으키지 않도록

감시하게 만들기도 했거든.

여기서 중요한 건

서로의 범죄 사실을 숨겨준다면

다섯 가구 전체가 벌을 받았다는 사실이야.

심지어 한 가구가 세금을 안 내고 도망갔다?

그러면 남은 집들이 그 세금을 나눠서 내야 했어.

한마디로 모든 잘못이 연대책임이라는 거지.

그러니 애먼 책임을 물기 싫으니까

서로서로 나쁜 짓을 못하게

감시하는 행동이 일상이 되어버렸고,

이런 문화가 현대까지 이어졌다는 말이 있어.

그래서 지금도 남한테 그렇게 관심이 많은 거야.

뭔가 잘못된 게 있으면

바로잡아주려고 하는 거지.

물론 서로 하나라도 더 챙겨주려는

한국인의 정(情)이라는 부분도 한몫할 테지만

이게 너무 과해지면 서로 불편할 수밖에 없어.

아, 그러니까 왜 연애 안 하냐고

제발 좀 물어보지 말라고!!

게임을 하면
우리 팀만 못하는 이유

1 딱 1분만
집중해서 읽어봐

게임 매칭은 무조건 랜덤으로 되는데,
왜 항상 내 팀에만 트롤이 걸릴까?
도대체 왜 내 게임을 방해하는 거냐고!
그런데 이게 나만 그런 게 아니라
심리학적인 이유가 있더라고.

바로 '귀인 편향'이라는 원리인데,
타인의 행동에 대한 이유를 찾으며
편향적으로 판단하게 되는 걸 말해.
자신은 나름대로 합리적으로 원인을 도출하지만
그게 항상 현실을 반영하는 건 아니거든.
이 중에서도 특히 '이기적 편향'이라는 게
잘 나타나는데,

자기 장점은 훌륭하다고 생각하지만
자신의 단점은 누구에게나 있는
보편적인 것이라 생각하게 되거든.
이건 비난으로부터 자아를 방어하려는
자연스러운 욕구라서
이기면 내 덕, 지면 남 탓을
하게 되는 거야.

개 때문에 졌다고 생각하면
실패에 대한 책임도 사라지고,
내 자존감도 지킬 수 있거든.

좀 더 구체적인 예시를 살펴볼까?
내가 만약 중요한 한타에서 궁을 잘못 썼어.
근데 이건 적 팀 하나가 달려들어서
어쩔 수 없었던 거거든.
사실 그 누구였어도
이때 궁을 제대로 쓰긴 힘들었을 거야.
하지만 우리 팀 중 한 명이 뻘궁을 썼다고?
이건 뭐 손에 문제가 있는 것도 아니고
저걸 왜 실수하는지 이해가 안 되지?
이게 바로 이기적 편향이야.

뭐 이유는 알겠는데
도대체 '야스오 픽' 하는 애들은 왜 그러는 거냐?

88:88
택시는 음주단속을
하지 않는 이유

⟳ 1 딱 1분만
집중해서 읽어봐

늦은 밤 택시를 타면
경찰이 음주단속을 하지 않고
그냥 보내주는 경우가 있어.
택시도 원래 음주단속을 시행하는 게 원칙이긴 하지만
여전히 대다수는 음주단속을 시행하지 않고 있지.
근데 이게 이유가 있더라고.

과거부터 이어져오던 관행 때문이야.
만약 택시기사가 음주단속에 걸리면
운전면허를 잃는 것뿐만이 아니라
직업까지도 잃어버리게 되잖아.
즉 택시기사는 일반 운전자보다
훨씬 부담이 커지는 거지.

따라서 자연스럽게 음주운전을 하지 않을 것이라는
믿음을 가지고 그냥 보내주는 거야.
또 음주단속 시 택시들이라도 그냥 보내야
차량 소통도 원활해지고
시간이 절약된다는 이유도 있어.
그리고 택시 안에 승객이 있을 경우
괜히 오래 잡아두면
승객이 요금을 더 내게 되니까
각종 항의를 들을 수도 있거든.
그렇게 택시는 음주단속을 하지 않는다는 것이
일종의 관행이 되어 지금까지 내려왔어.

당연하게도 이런 관행은 현재 문제가 되고 있어.
기사 식당에서 반주를 즐기는
택시기사들이 목격되기도 했고,
5년간 택시 운전사의 음주 사고가
무려 480건에 달하는 만큼
사회적으로도 충분한 문제가 되고 있거든.

혹시 식당에서 택시기사가 술을 마시는 걸
직접 목격한다거나
탄 택시에서 술 냄새가 난다면,
몰래 휴대폰을 들어서 112를 누르자!

88:88
눈물이 차오를 때
고개를 드는 이유

1 딱 1분만
집중해서 읽어봐

아이유의 어떤 노래 가사처럼
눈물이 차오를 때 고개를 들면 괜찮아질까?
이게 과학적으로 진짜 효과가 있더라고.

눈물이라는 건 눈을 깜빡일 때마다
눈물샘에서 계속 분비하는 거거든.
그런데 평소에 눈물이 흘러내리지 않는 건
눈물길을 통해 배출하기 때문이야.
여러 기관을 거쳐서
눈물을 코로 배출하는 거지.
그럼 걷잡을 수 없이 눈물이 날 때도
이 눈물길이 잘 열려 있으면
눈물이 눈물길로 들어가는 게 더 쉽겠지?

그러니까 노래 가사처럼 고개를 위로 들면
중력 때문에 눈물이 눈물길로 들어가는 압력이 더 강해져서
울음을 참는 데 진짜 효과가 있어.

참고로 눈을 깜빡이는 건 절대 안 돼.
앞서 말했듯이 눈을 깜빡일 때마다
눈물샘이 자극되고 눈물이 더 나오거든.
그럼 흘러내리는 걸 막기가 더 힘들어져.

그런데 눈물을 참으려면
사실 눈물길로 눈물을 빼는 것보다
더이상 눈물이 안 나오게 하는 게 더 중요해.
눈물을 참는 유명한 방법이 하나 있어.
학교나 회사에서 눈물이 날 것 같으면
발바닥을 귀에 대고
"여보세요?" 하는 상상을 하는 거야.
그래도 눈물이 날 것 같으면
반대편 발바닥으로 "네, 전화 바꿨습니다"라고
대답하는 상상을 하는 거지.

이걸로도 안 되면 앞에 있는 사람이
아주 열정적으로 털기 춤을 춘다고 상상해봐.
근데 이러고 나서
웃음 터진 걸 참는 방법은 없어.

88:88

왜 한국인들만
때를 미는 걸까?

⏱ 딱 1분만
1 집중해서 읽어봐

우리나라 사람들은
왜 굳이 때를 미는 걸까?
다른 나라 사람들은 거의 때를 안 미는데,
우리나라만 이런 문화가 생긴 이유가 있어.

때밀이 수건을
보통 이태리타월이라고 부르잖아?
근데 이게 진짜 이탈리아에서 온 건 아니야.
과거 부산에 한일직물이라는 회사가 있었는데
여기서 새로운 타월을 개발하려고
이태리에서 원단을 하나 수입해왔어.
그런데 이 원단이 너무 거칠어서
어떻게 활용해야 할지 몰랐거든.

근데 어느 날 회사 관계자가 샤워를 하다가
'좀 까칠까칠한 천으로 피부를 밀면 어떨까'라는
획기적이고도 기발한 생각을 하게 돼.
시범으로 만들어보니까 반응이 너무 좋았고,
그대로 이걸 상품으로 생산했어.
그렇게 손바닥 하나가 겨우 들어가는 이 천 조각이
몇 년도 안 되어 한국 목욕문화를 완전히 바꿨고,
아예 때 미는 직업인 세신사도 생길 정도였지.

우리나라는 뭐 이열치열이라면서
더운 날 뜨거운 거 먹는 것도 좋아하고
혀가 아플 정도로 매운 음식도 좋아하고
엄청 뜨거운 물에 들어가서 시원하다고 좋아하고,
엄청 아프게 때 밀면서 시원하다고 좋아하잖아.

우린 뭔가 자극적인 걸 좋아하는
민족인가봐.

아무튼 최근 들어 세계에
한국 문화가 널리 유행하면서
외국인들이 때수건을 기념품으로도 사 가고,
때 미는 문화도 조금씩 알려지고 있대.
이렇게 다들 K-때수건에 중독되는 거지.

4장

재미있고 신기한
세상 소식

88:88
인간이 느끼는
고통의 순위 TOP 10

1 딱 1분만
집중해서 읽어봐

인간이 느끼는 가장 큰 고통은 뭘까?

10위는 신경통이야.

대상포진 같은 병에 걸렸을 때

특정 신체 부위가 찌르는 듯이 아픈 거지.

9위는 생리통이야.

사람에 따라 다르지만

진짜 엄청나게 고통스러운 사람도 있거든.

8위는 근육통이야.

모든 사람들이 한 번씩 겪어봤을 만한 그 통증!

7위는 환상지통이야.

예를 들어 팔이 잘리고 나서

그 부분이 계속 아픈 환상을 느끼는 거지.

6위는 암에 의한 통증이야.
이건 뭐 당연히 엄청나게 아프겠지?
5위는 허리가 아픈 만성 요통이야.
아직은 아니어도 살면서 꼭 한 번쯤은
허리에 문제가 생긴다고 하니까
자세를 꼭 올바르게 해야 해.

4위는 바로 '그 고통'!
솔직히 다들 이거 궁금해서 들어왔지?
여긴 진짜 장난으로도 때리면 안 돼.
3위는 출산의 고통이야.
이게 무서워서 아이를 낳지 않기도 하는 만큼
상상 이상의 고통이라고 해.
2위는 신체가 절단되는 고통이야.
이건 진짜 상상도 하기 싫은데,
심지어 여기다 환상지통까지 덤으로 얻게 돼.

대망의 1위는,
불에 타는 고통인 작열통이야.
괜히 불조심하라는 게 아니지.

근데 이 순위가 절대적인 건 아니고
정도에 따라 고통의 크기는 당연히 달라져.
　　　　　　　　　　　　물론 제일 고통스러운 건
　　　　　　　　　　　종이에 손 베였을 때인 거 알지!

88:88

지구 기온이
1도 올라가면?

① 딱 1분만
집중해서 읽어봐

혹시 1도가 올라가면 덥거나,

1도가 내려가면 추워?

아마 거의 느끼지 못할 거야.

하지만 우리가 살고 있는 지구는

전혀 그렇지 않거든.

지구의 평균 온도가 1도 오르면,

물이 부족한 인구가 5천만 명이 넘어갈 거고

10%에 달하는 지구의 육상 생물이 멸종해.

그리고 아마 30만 명 정도가 기후변화로 사망할 거래.

그럼 3도가 올라가면 어떨까?

날씨가 더워지면서 바다가 팽창하고

남극의 얼음이 녹아서 해수면이 7m나 높아진대.

바닷가에 위치한 수많은 도시도 물에 잠겨버려.

게다가 아마존 열대우림이 사라질 거야.

그럼 과연 5도가 올라가면?

뉴욕과 런던이 완전히 물에 잠겨.

대부분의 도시가 붕괴하면서 자본시장이 망가지고,

모든 산의 만년설이 녹아버리는데

이건 항상 얼어 있던 얼음들이 전부 사라진다는 거야.

북극의 최고 기온은 20도를 찍게 되지.

적도 부근은 너무 더워서

사람이 아예 살 수 없어.

결국 지구가 피난민으로 들끓게 되면서

전쟁이 시작될 텐데

말 그대로 지구의 종말이지.

어때? 무슨 영화 같지?

그런데 지금 같은 속도로 온도가 올라가면

2100년쯤엔 3도 이상 상승한다고 하더라고.

이게 공익 광고는 아니지만

다 같이 지구를 조금 더 아껴보는 건 어때?

물론 나는 그 전에 죽을 테지만.

88:88

손톱 끝의 하얀 건
도대체 왜 생길까?

1 딱 1분만 집중해서 읽어봐

손톱 끝에 자꾸 하얀 게 올라와서
뭔가 은근히 신경 쓰이잖아.
이거 쓸모도 없어 보이는데
도대체 왜 생기는 걸까?
이게 과학적인 이유가 있더라고.

손톱과 발톱의 뿌리 부분을 덮고 있는
단단한 피부층을
'큐티클'이라고 부르는 건 많이들 들어봤지?
이건 손톱이 피부 바깥으로
드러나기 시작하는 부분이랑
피부 사이의 공간을 막는 역할을 하면서
오염물질도 막아주고 수분 증발도 막아줘.

또 손톱 양옆으로 삐죽 튀어나오는 살 부분은
보통 '손톱 거스러미'라고 부르는데,
큐티클 위나 옆에서 쓸려 올라온
작은 피부 조각이야.
이게 사실 진짜 짜증 나는 거잖아?
사실 신경을 안 쓰고 있으면
모양이 예쁘게 잡히지만,
단백질이나 수분, 비타민이 부족해지면
손끝에서 보풀처럼 일어나고,
또 환절기라서 손이 너무 건조하거나
손톱을 물어뜯는 버릇이 있으면
더 지저분하게 올라와.

이런 큐티클이든 손톱 거스러미든
자꾸 습관처럼 떼어내는 사람도 많을 텐데,
큐티클 같은 경우는 진짜 제거할 필요가 없어.
애초에 손톱 지지대 역할을 해주는데,
이 부분이 없어지면 손톱도 약해지고
세균이나 바이러스에 감염되기도 쉽거든.

손톱 거스러미가 정 거슬리면
큐티클 니퍼라고 다이소에서 천 원에 파니까
그걸로 제거하는 게 제일 나아.
괜히 저거 손으로 잡아 뜯었다간 진짜 ㅠㅠ

88:88

고양이는
왜 나비라고 부를까?

1 딱 1분만
집중해서 읽어봐

길을 걸어가다가

한 번씩 귀여운 고양이가 보이면

다들 "나비야~"라고 부르는 걸

본 적이 있을 거야.

'나비'는 고양이를 부르는

대표적인 이름으로 자리 잡혀 있는데,

왜 나방도 잠자리도 아니고

하필 나비일까?

이게 사람들이 말하는 몇 가지 이유가 있더라고.

옛날 사람들은 재빠른 동물을

'납'이라고 불렀거든.

흔히 원숭이를 '납'이라고 불러서

이게 변형되어 잔나비라고 부르곤 했어.
고양이도 원숭이처럼
막 나무도 잘 올라가고 잽싸게 움직이잖아?
그래서 길고양이도
"납이야~" 하고 부르기 시작한 거지.

또 고양이의 얼굴 모양 때문이라고
추측하는 의견도 있는데,

　　　　얼굴에서 세모난 귀가 쫑긋하고 서 있는 모습이
　　　　나비 모양이랑 비슷해서 나비라고 불렀다는 거지.

그리고 길고양이들은 종을 가리지 않고
번식하기 때문에 무늬가 제각각이지?
이런 알록달록한 무늬가
나비랑 닮았다고 해서
나비라고 불린다는 썰도 있어.

마지막으로, 고양이는 사냥을 하는 동물이잖아.
야생에서 돌아다니는 나비를 발견하면
쫓아다닐 수밖에 없거든.
이런 길고양이의 모습을 발견한 사람들이
고양이가 나비를 좋아한다고 착각해서
나비라고 부른다는 말도 있어.

🯰🯰:🯰🯰

왜 기계를 때리면
고쳐지는 걸까?

⏱ 딱 1분만
1 집중해서 읽어봐

기계가 갑자기 잘 안 될 때

몇 번 때리면 고쳐지는 경우가 있잖아.

도대체 왜 기계는 맞아야 말을 듣는 걸까?

이게 과학적인 이유가 있더라고.

옛날 기계에는

각자 따로 노는 부품들이 많이 들어갔는데

이 부품들을 연결하느라 전부 납땜을 했었거든.

그러다 보니 잔결함도 많았고,

먼지가 껴서 접촉 불량도 자주 발생했어.

심지어 납땜을 할 때도 순도가 높은 납이 아니라

철 함유량이 높은 저가 납을 사용해서

납땜한 게 잘 떨어졌지.

기계가 이렇게 구성되어 있다 보니까

기계에 충격을 가하면

떨어졌던 납땜이 다시 연결되거나

사이에 있던 먼지가 빠지면서

기계가 정상으로 돌아오기도 했거든.

심지어 Apple Ⅲ는

칩이 계속 튀어나오는 문제가 있었는데

애플 공식 A/S 센터에서

칩이 튀어나오면 Apple Ⅲ를 들어 올린 다음

바닥으로 내려치라는 답변을 내놓았어.

이때 발생하는 충격으로

칩이 제 위치로 가는 걸 유도한 거지.

근데 지금은 때려서 고치려고 하면 안 돼.

현대의 기계들은

부품이 엄청 미세하고 정밀한 데다가

부품들끼리 서로 연계된 경우가 많아서

접촉 불량 문제가 엄청나게 줄어들었어.

괜히 때렸다가 더 고장 날 확률이 높아졌지.

그럼 기계가 안 되면 어떻게 해야 할까?

일단 고쳐지지 않더라도 바닥으로 세게 내리쳐봐.

고장 나도 제대로 고장 나야 새 걸 살 거 아냐.

명절 전에 안 보면
후회할 꿀팁

1 딱 1분만
집중해서 읽어봐

설과 추석이 다가오기 전에
알아두면 너무 좋은 꿀팁이 있어.
몇 개 알려줄테니까 꼭 써먹어봐.

첫째, 갓 구운 전 먹는 법!
명절에 맛있는 음식을 잔뜩 하잖아.
그중에 제일 탐나는 게 갓 구운 전인데
이거 맘대로 집어먹으면 엄청 혼나는 거 알지?
이럴 때도 다 방법이 있지.
"어? 이거는 상에 올리면 안 되겠다"라고 하면서
모양이 제일 안 예쁜 걸 골라 먹은 다음,
칭찬을 엄청나게 하는 거야.
"와~~ 엄마는 전을 왜 이렇게 맛있게 부쳐?"

이런 립서비스를 잘하면 무사히 넘어갈 수 있지.
근데 몇 번 써먹으면 티가 나니까 조심해야 해.

둘째, 친척들 잔소리 안 듣는 법!
명절에 제일 무서운 게 친척들 잔소리잖아.
보통 공부나 취직, 결혼 얘기가 대부분일 텐데
이런 얘기가 나올 것 같으면 대화의 주도권을 뺏어야 해.
"대학 어디 갈지는 정했니?" 하고 물어보시면
"열심히 고민중이죠~ 정해지면 말씀드릴게요!
근데 이번에 백신 맞으셨어요?
팔 엄청 아프다던데 괜찮으세요?"라고

되물어보면서 화제를 돌리는 거야.
그리고 열심히 대답하시는 동안
슬그머니 자리를 뜨는 거지.

셋째, 용돈 두둑하게 받는 법!
용돈을 다들 많이 받고 싶잖아?
추석을 예로 들어볼게.
보통 추석이 중간고사 시험 기간이랑 겹치는데
적당히 눈치를 보고 방에 들어가서
딱 공부하는 척을 하면
"명절에도 공부하는 거야?"라며 대견해하시면서
두둑하게 용돈을 챙겨주실 거야.
이럴 때 딴 데 보면서 모른 척해야 하는 거 알지?

스쿨버스나 학원차는
왜 노란색일까?

① 딱 1분만
집중해서 읽어봐

TV나 영화에서, 그리고 현실에서도
아이들이 타고 다니는
스쿨버스나 학원 차는 대부분 노란색이잖아?
왜 스쿨버스는 노란색이 국룰일까?
이게 과학적인 이유가 있더라고.

일단 다들 예상하다시피
노란색이 잘 보이기 때문이야.
노란색은 다른 색깔보다
일상생활에서 눈에 쉽게 띄는데,
노란색은 망막 위에서 쉽게 퍼지는 성질이 있어서
색상 중에 가장 두드러지게 보이거든.

여기서 또 노란색보다 더 눈에 빨리 띄는 색은
주황색과 노란색을 섞은 황색인데,
'자동차 및 자동차 부품의
성능과 기준에 관한 규칙' 제19조 제18항에 보면
'어린이 차량은 황색이어야 한다'라고
규정하고 있어.

또한 노란색은 어린아이들이
가장 좋아하는 색 중에 하나로,
아이들에 관한 이미지를 떠올리면
병아리와 함께 떠오르는 색상이야.

이렇게 노란색은 어린이들의 비옷,
스쿨버스, 위험 표시물에 활용되고 있어.
신호등이 바뀌는 중간에
노란색을 점멸하는 것도 이런 이유 때문이고,
대부분의 표지판이 노란색인 것도 같은 이유지.

이렇게 노란색 스쿨버스는 쾌활함을 나타내며,
멀리까지 잘 보이는 특성을 갖고 있어서
운전자 입장에서도 경각심을 더 가질 수 있어.
그래서 아이들을 태우는 차에
안성맞춤인 색이라 할 수 있지.

88:88

현자타임은 뭐고,
왜 오는 걸까?

1 딱 1분만
집중해서 읽어봐

열정적으로 무언가를 하다가
어느 수준에 다다르면
급격하게 무기력해지는 걸
현자타임이라고 하잖아.
이런 현상이 생기는 것도
과학적인 이유가 있더라고.

가장 유력한 가설은 호르몬상의 이유인데,
사정을 하고 나면 프로락틴이라는 호르몬이
일시적으로 크게 증가한다는 연구 결과가 있거든.
근데 이게 증가할수록
남성호르몬인 테스토스테론 수치가 감소해서
성욕이나 흥분 정도가 급격하게 떨어지는 거지.

또 진화학적인 관점에서 살펴보면
야생에서 무방비 상태로 있다가도
일이 끝나면 빠르게 주변을 경계해야 하니까
생존 확률을 높이는 방향으로 진화했다는 주장도 있어.

아니면 절정에 다다를 때
일상적인 공포와 두려움을 전부 잊고
오직 행복감만을 느끼고 있다가
나중에 원래 상태로 돌아오며
일상의 불안이 찾아오는 과정을
현자타임으로 보는 가설도 있지.

이런 시간을 맞이하게 되면
사람이 굉장히 이성적이고 냉철해지잖아?
그래서 "중요한 결정을 내리기 전에
현자타임을 가지라"는 말도 있어.

근데 부작용으로 현자타임이 와서
열심히 모은 자료도 폐기하고
아예 그쪽으로 혐오감을 가지는 경우도 있는데,
이게 일시적인 현상이라서
나중에 후회할 수밖에 없어.

다들 현자타임을 싫어하는 경향이 있지만,
만약 없다면 과로로 쓰러질지도 몰라.

군대 밥은
왜 맛이 없을까?

1 딱 1분만
집중해서 읽어봐

흔히 짬밥이라고 불리는 군대 밥은
왜 맛이 없기로 유명할까?
좀 제대로 챙겨주면 좋은데
메뉴도 부실하고 맛도 최악이라고 하잖아.

이렇게 군대에선 식사의 질이 떨어지는
여러 가지 이유가 있는데,
먼저 가장 큰 이유는 예산 때문이야.
장병 1인당 한 끼에 배정된 금액이
3천 원이 채 안 되었거든.
생각해보면 요즘 밖에서 3천 원으로
뭘 제대로 사 먹을 수 있겠어.
군대에선 한정된 예산으로 한 끼를 차려야 하고,

또 양은 부족하면 안 되니까
당연히 맛은 떨어질 수밖에 없지.

두 번째는 취사병이 요리를 하기 때문이야.
군대는 미대생이 연병장에 선을 그리고
수학과가 점수를 세는 곳이라서
음식점에서 알바를 해 봤거나
식품영양학과에 재학중이라면
훌륭한 취사병으로 뽑히게 되지.
이렇게 비전문가가 모여서
전문가도 힘든 대량 조리를 하다 보면
퀄리티가 떨어질 수밖에 없어.

거기다 혹시라도 군인들이 배탈이 나면 안 되니까
보통 뭔가를 익힐 때 오버쿡을 하게 되는데,
이것도 맛을 떨어뜨리는 원인이지.
심지어 식재료도 충분하게 공급되는 게 아니라서
짜장 소스가 부족하면
고추장을 넣으면서 요리하고 있어.

솔직히 인건비는 안 들고, 식재료를 싸게 받고,
메뉴도 먹는 사람 의사와 관계없이 마음대로 정하는 거면
인간적으로, 학식보다는
먹을 만하게 만들자!

88:88

몽골인들은
진짜 시력이 좋을까?

① 딱 1분만
집중해서 읽어봐

누구나 살면서 한 번은

"몽골인은 시력이 좋다"는 말을 들어봤을 텐데

과연 이게 사실일까?

사실 우리나라에선 교정시력이 1.0만 넘으면

사는 데 아무 문제가 없고,

시력이 1.5~2.0 정도 되면

눈이 꽤 좋은 편이잖아.

애초에 시력 검사표에서도 2.0까지만 측정할 수 있어.

반면 몽골인의 평균 시력은 무려 3.0에 달하는데,

최대 8.0인 사람도 있을 정도로 시력이 좋은 민족이야.

이렇게 몽골인의 시력이 좋은 데에도

다 과학적인 이유가 있어.

일단 몽골인들이 옛날부터 넓은 초원에 살아서
먼 곳의 위협을 알아채느라
시력이 발달했다는 이야기는 들어봤지?
주변에 눈을 피로하게 하는 장애물도 없고,

그 맑은 자연환경만 보며 자라서
시력이 나빠질 일이 없는 거야.

또 몽골에는 아이를 낳을 때
21일간 어두운 방 안에 머무는
전통이 있다고 하거든.
태어날 때 연약한 눈이 보호되어
시력이 좋다는 의견도 있어.

근데 몽골인이라고 다 시력이 좋은 건 아니야.
초원에 사는 사람들은 대부분 시력이 좋지만
몽골의 수도인 울란바토르는 완전 도시라서
여기 사람들은 안경도 쓰고 렌즈도 사용한대.

어쨌든 우리나라의 평균 시력이 점점 떨어지는 게
휴대폰 때문이니까,
누워서 휴대폰을 볼 때는 40cm 정도 떨어뜨리고
유튜브 영상들을 보는 건 어때?
그러다 얼굴에 떨어지면 유감이고….

88:88

부자들은
다 나쁜 사람일까?

딱 1분만
집중해서 읽어봐

부자들은 왜 이렇게 못된 걸까?

"있는 사람들이 더하다"는 말이 있는 것처럼

뭔가 불법도 더 많이 저지르는 것처럼 보이고,

갑질도 엄청 하는 것 같잖아.

심지어 성경에도 "부자가 천국에 가는 게

낙타가 바늘구멍을 통과하는 것보다

힘들다"고 적혀 있어.

그럼 사람은 돈이 많아질수록

심성이 진짜 못돼지는 걸까?

우선 '언더도그마'라는 개념을 살펴보자.

이건 힘의 차이를 근거로

선악을 판단하려는 현상인데,

약자는 무조건 선하고
강자는 반드시 악하다고 인식하는 거야.

예시를 한 가지 들어볼게.
몸도 좋고 건장한 20대 청년이
아주 노쇠한 70대 할머니와
목소리를 높이며 길거리에서 싸우고 있어.
그럼 사람들이 이걸 보고 뭐라고 할까?

'저 사람은 왜 힘없는 할머니에게 저러는 거야?'
'저 사람, 진짜 못됐다.'
이렇게 생각하게 될 거야.
할머니가 청년에게
먼저 폭언을 퍼부었을 수도 있지만
일단 사람들은 약자의 편을 든다는 거지.

이런 현상이 사회에서도 똑같이 일어나는데,
사회적으로 강자라고 여겨지는 부자들이
뭔가 더 못되게 보이곤 하지만
사실 이건 부자이고 부자가 아니고의 문제가 아니라
그냥 개인적인 도덕심의 영역이지.
그러니까 우리 모두
편견을 갖지 않도록 조심하자고!

88:88
명품 손목시계는
왜 그렇게 비쌀까?

⏱ 딱 1분만
1 집중해서 읽어봐

1만 원짜리 손목시계도
사실 깔끔하게 잘 작동되잖아.
그럼 시계를 만드는 것 자체는
그다지 비싼 게 아닌데,
파텍 필립이나 롤렉스 같은 브랜드 시계는
왜 몇천만 원에서 몇 억까지 하는 걸까?
이게 과학적인 이유가 있더라고.

우리가 쉽게 구할 수 있는 시계랑
이런 비싼 시계들과는
작동되는 원리 자체가 다르다고 해.
대부분은 퀴츠 시계라고 해서
전기나 배터리로 굴러가는 시계를 만들지만

유명한 명품 브랜드들은
여전히 기계식 시계를 고수하고 있어.
이건 태엽을 감아서
기계적으로 시계를 돌리는 방식인데,
정확도를 높이고 여러 기능을 넣으려면
부품이 정말 많이 들어가게 돼.
그리고 여기에 들어가는 부품들은
각 브랜드만의 방식으로 직접 제작하는 거라서
엄청난 장인 정신이
시계에 들어가 있다고 할 수 있지.

또 이런 복잡한 부품들이 얽혀서 작동하는 모습이
그 자체로 하나의 예술품 같거든.
지금까지 브랜드가 개발해온 시계 기술이 집약된
그 기계를 보고 있으면
시간의 흐름과 그 아름다움을 느낄 수 있는 거야.

한마디로 시계는
시간을 보는 용도뿐만 아니라
예술품이나 취미의 영역인 거지.

참고로 세계에서 가장 비싼 시계는
영국의 그라프가 만든
그라프 다이아몬드 할루시네이션이라는 모델로
가격이 무려 650억 원이야!

88:88

한국인들이
핼러윈을 챙기는 이유

 딱 1분만
집중해서 읽어봐

매년 10월 31일이 되면
사람들이 온갖 괴상한 분장을 하고
핼러윈 파티를 벌이잖아.
영미권에선 이날 죽은 영혼이 되살아나면서
마녀와 귀신들이 출몰하기 때문에
자신을 보호하기 위해
그들과 비슷한 해골이나 괴물 복장을 하는 거고,
이게 일종의 축제로 지금까지 자리 잡은 거지.

그런데 그 영미권 나라들은 그렇다 쳐도
지구 반대편인 우리나라에서
핼러윈을 챙기는 이유가 뭘까?
사실 이게 역사적인 이유가 있더라고.

우리나라는 한국전쟁을 치르면서
상당히 많은 미군이 들어오게 되었어.
그때만 해도 핼러윈은
미군들만 즐기는 문화였는데,
미군 부대 근처에서 자라는 아이들에겐
귀신 분장을 하고 사탕 같은 걸 받아먹는 게
참 즐거운 놀이였거든.

그렇게 미군 부대가 있는 지역을 중심으로
부모님들이 아이들과 놀아주기 위해
핼러윈데이라는 걸 챙겨주기 시작한 거야.

이때부터 많은 놀이공원들도
아이들을 타깃으로 핼러윈 이벤트를 열게 되고,
이어서 많은 기업에서도 이를 상품화해서
각종 장난감이나 음식을
핼러윈용으로 만들게 된 거지.
그러다 보니 금방 전국적으로 퍼져서
외국인이 많은 이태원을 중심으로
어른들의 핼러윈 파티까지 열리게 된 거야.

사실 이렇게 분장하고 노는
핼러윈 파티도 좋지만

미국식 명절보단 K-동짓날이
우리나라의 진정한 핼러윈 파티가 아닐까?

88:88
땅에 떨어진 음식,
3초 안에만 주우면 굿?

⟳ 1 딱 1분만
집중해서 읽어봐

음식을 먹다가 떨어뜨렸을 때

3초 안에 주우면 괜찮다는 말 들어봤지?

사실 누가 들어도 말이 안 되긴 하지만

이게 어느 정도 과학적인 근거가 있더라고.

어느 설문조사에 따르면

응답자의 무려 87%가 떨어진 음식을

잽싸게 주워먹는다고 대답했어.

또 우리는 3초가 국룰이지만

미국에선 5초 안에 먹으면 된다고 하는데,

이런 말이 워낙 많이 도니까

미국의 한 교수가 연구를 진행했어.

그랬더니 땅에 떨어진 시간과 바닥 재질,

음식의 수분기에 따라 결과에 차이가 나타났어.
즉 과자처럼 수분이 없는 음식이
대리석같은 매끈한 바닥에 떨어지면
빨리 주워먹어도 괜찮을 만큼
세균이 적게 이동한 반면,
축축한 음식을 카펫 위에 떨어뜨리고
잽싸게 주웠더니
세균이 엄청나게 달라붙었어.

이렇게 이동한 균 중에서는
살모넬라나 각종 박테리아가 포함될 수도 있어서
잘못 주워먹으면 심각한 배탈이 날 수도 있지.
따라서 누가 봐도 먹으면 안 될 것 같은
축축한 음식이 아니라면,
또 바닥이 누가 봐도 너무 더러운 곳이 아니라면,
빨리 주워먹어도 괜찮은 거야.

근데 어떤 과학자는 3초가 아니라
50초가 지나도 괜찮다고 말했는데,
어차피 음식을 손으로 만지는 순간
세균이 음식으로 많이 옮겨간다는 게 이유였어.

한마디로 바닥에 떨어진 음식을 주워먹는 것보다
과자를 먹고 손을 빨아먹는 게 더 더럽다는 거지.

빼빼로데이에
빼빼로 받는 방법

⏱1 딱 1분만
집중해서 읽어봐

매년 11월 11일은 빼빼로데이잖아.

작년 11월 11일에 빼빼로 많이 받았어?

친구한테 받은 우정 빼빼로 말고,

이성한테 받은 빼빼로 말이야.

분명히 지금 이 글을 읽고 있는 사람 중엔

작년에 빼빼로를 못 받은 친구들도 있을 텐데

내가 그럴 줄 알고 이성에게 빼빼로를 받는 방법을

몇 가지 알아왔으니까 잘 읽어봐.

먼저 학교나 회사에서 빼빼로를 받는 꿀팁이야.

빼빼로를 산 뒤에

맘에 드는 이성 친구나 동료의 책상에

빼빼로를 하나 올려놓는 거야.

그리고 조금 기다리면

그 사람이 자리로 돌아와서

"어? 이 빼빼로는 누구 거야?" 하고 물어보면

"그거 내 건데!" 하고 받는 거지.

음… 뭔가 애잔하고 좀 그런가?

그럼 빼빼로를 하나 들고 길을 걷다가

앞에서 마음에 드는 이성이 걸어오면

일부러 부딪히면서 빼빼로를 길에 떨어트려.

이때 어설프게 티 나면 안 되고,

좀 아픈 척 당황한 척 연기하고 있으면

그 사람이 떨어진 빼빼로를 주워줄 거야.

참 쉽지?

아, 이 방법도 아니라고?

그럼 이건 진짜 숨겨진 꿀팁인데,

깨끗하게 씻고 잘 차려입고 나와서 주변을 잘 둘러봐.

그럼 편의점이 보일 거거든.

그 편의점 알바가 이성인지 확인한 다음에

이성이면 들어가서 빼빼로를 사는 거야.

그럼 이성에게 확실히 건네받을 수 있지.

좀 제대로 된 방법 없냐고?

그런 걸 알면 내가 이러고 있겠냐?

88:88

수능 시험에서
몇 번을 찍어야 할까?

1 딱 1분만
집중해서 읽어봐

매년 11월 중하순이 되면

대한민국에서 가장 중요한 연례행사 중 하나인

대학수학능력시험이 치러지잖아.

다들 다시는 되돌아가고 싶지 않을 만큼

열심히 공부중일 텐데,

그럼에도 시험장에서 너무 긴장해서

혹은 시험이 어렵게 출제돼서

문제를 풀지 못하는 경우가 생길 수도 있어.

그래서 수능 날 시험을 치다가

정말 모르는 문제가 나왔을 때

문제를 찍는 꿀팁을 알아왔으니까 잘 읽어봐.

한국교육과정평가원에서 공개한 출제 매뉴얼에는
'정답이 특정한 답지에
편중되어 있지는 않은가?'라는 항목이 있어.
이 말은 정답이 한쪽에 몰려있지 않고,
5개 항목에 정답이 골고루 분포되어 있다는 거야.
물론 전부 20%로 동일하게 설정된 건 아니지만
그래도 각 항목당 정답 확률이 18~21% 정도로
각각 비슷하게 설정되어 있지.
그러니까 문제의 답을 도저히 모르겠으면
그냥 아무 번호로 대충 찍는 것보단
풀 수 있는 문제는 최대한 다 풀어보고,
가장 적게 나온 번호로 찍는 게 유리해.

또 이건 그냥 지라시지만,
국어 영역에서 3점짜리 문제는
1, 2번보다는 3, 4, 5번이 답일 확률이 높대.
수학에서 ㄱ, ㄴ, ㄷ을 선택하는 오지선다형 문제에서는
ㄱ이 2개 이하라면 ㄱ이 틀린 항목이고,
3개 이상이라면 ㄱ이 포함된 답이 거의 정답이래.

그래서 나는 수능 잘 봤냐고?
나는 킹갓제너럴 수시에다가
수능 최저 기준도 없었는데?

88:88
한국 군인들은
왜 최저시급을 못 받을까?

1 딱 1분만
집중해서 읽어봐

우리나라 군인들은 군대 안에서

하루 종일 고생하고 있잖아?

근데 받는 이병 월급이 2022년 기준 51만 원 정도야.

시급으로 환산하면 3천 원도 안 되는데,

우리나라에서 2022년 기준 최저시급인 9,160원에 비하면

한참 못 미치는 금액이지.

더 충격적인 건 이것도 옛날에 비하면

한참 오른 금액이라는 사실이야.

왜 한국 군인들은 최저시급을 못 받을까?

이게 경제적인 이유와 법적인 이유가 있는데,

일단 군대 자체에 돈이 없어.

주변에 그 짜증나는 국가들 사이에서

우리를 지키려면 군인도 중요하지만
일단 강력한 무기가 있어야 하거든.
그래서 국방비 중에서 꽤 많은 부분을
무기 구입이나 유지비, 연구개발비에 투자하고 있지.
그러다가 장병들의 처우 개선은 뒤로 밀린 거야.

이렇게 최저시급도 못 받는 게
법적으로 문제가 있다며
헌법재판소에 안건이 올라간 적이 있어.
근데 합헌이라고 결론이 났어.
우선 군인의 병역 이행은 근로의 권리를
요구할 수 없는 문제라고 하면서
군대에선 밥도 주고 옷도 주고 지낼 곳도 마련해주니까
생계에는 문제가 없다는 게 합헌의 이유였지.

만약 군인 월급에서 최저시급이 적용되면
얼마를 받을 수 있을까?
일단 부대마다 너무 상황이 다르지만
아무리 줄여서 계산해도
한 달에 200만 원은 받아야 해.
하루 7시간, 23일 근무에
추가 작업 월 13회, 주휴수당 포함이니!

아니, 돈을 반의 반도 안 줄 거면
밥은 제대로 줘야 하는 거 아니야?

왜 사과는
밤에 먹으면 안 될까?

딱 1분만
집중해서 읽어봐

밤에 사과를 먹으려고 하면
부모님이 못 먹게 하시지.
그러면서 밤에 먹는 사과는 독이라고 말씀하셔.
도대체 밤에 사과를 먹으면 왜 안 되는 걸까?
알고 보니 이게 과학적인 이유가 있더라고.

우리가 먹는 사과의 껍질에는
펙틴이라는 식이섬유가 많이 포함되어 있어.
이 식이섬유들은 다음 날의 배변 활동이
잘 일어날 수 있도록 도와주지만
소화는 잘 안 되는 물질이거든.
한마디로 장을 자극해서 똥은 잘 나오게 하지만
소화가 되어 사라지는 건 아니라는 거지.

그래서 사과를 먹고 자면
안 그래도 소화가 잘 되지 않는 자는 시간에
배에서 이 펙틴을 소화시키느라
고생을 하게 되는 거야.
그렇게 장이 난리를 치게 되고
속에 가스가 찰 수도 있는데,
그러면서 밤잠을 설치게 될 확률이 높아지지.

게다가 사과는 유기산이라는 산성 물질이
풍부하게 들어있어서
밤에 사과를 먹으면 위의 산성도를 더 높이고
속이 쓰리게 만들 수도 있어.

반대로 사과를 아침에 먹으면 어떨까?
식이섬유가 제 역할을 하면서
그날 일과 중에 먹게 되는 음식들을
잘 소화하도록 도와주게 돼.
그래서 "아침에 먹는 사과는 금이고
밤에 먹는 사과는 독"이라는 말이 생긴 거지.

물론 위장이 건강한 사람들은
밤에 사과를 한두 쪽 먹는다고 해서
소화에 문제가 생기거나 하진 않아.

어쨌든 소화 기능상 안 좋은 건 맞으니까
앞으로 밤에 사과 대신 라면을 먹자!

88:88

연말이면 왜 보도블록을 갈아엎는 걸까?

⏱ 딱 1분만 집중해서 읽어봐

꼭 연말이 되면 보도블록을 갈아엎곤 하지.

멀쩡해 보이는 도로를 갑자기 공사하는데

대체 왜 그러는 걸까?

이게 다 행정적인 이유가 있더라고.

모든 지자체들은 1년 치 예산을 미리 부여받아.

1년 치 예산을 깔끔하게 쓴 경우도 있겠지만,

아무래도 초기 계획에서는

예산을 넉넉하게 잡는 편이기도 하고

혹시 연말에 돈이 부족할 수도 있으니

연중에 잘 아껴서 사용하게 되거든.

그러다 보면 연말에 종종 예산이 남게 되지.

뭐 남는 돈은 내년에 쓰는 거 아닌가 싶지만,

만약 이렇게 돈이 남게 되면
"니네 돈이 넉넉하네? 내년엔 좀 줄일게" 하면서
예산을 줄일 수도 있어.
이렇게 예산이 깎이면 내년에 수행할 사업에
차질이 빚어질 수 있기 때문에
최대한 예산을 안 남기는 게 좋은 편이지.

이래서 연말에 보도블록을 갈아엎거나
가로수를 교체하는 등의
필수적이지 않은 작업들을
남은 예산으로 진행하는 거야.

또 보도블록 시공업체는 겨울이 비수기라서
시공 비용이 조금 더 싸지기도 하고,
비교적 일자리가 적은 연말에
일용직 근로자를 도울 수도 있어.

근데 보도블록을 갈아엎는다고 해서
다 예산 소진 때문이 아니라
지하의 상수도관이나 통신관을
고치는 거일 수도 있지.

그렇다면 이건 뭐가 문제인 걸까?
연말에 돈을 다 소진하려는 기관이 문제일까?
돈을 아껴 썼다고 내년에 깎는 게 문제일까?

88:88

흘러나오는 코피로
헌혈해도 될까?

⟳1 딱 1분만
집중해서 읽어봐

코피처럼 그냥 흘러나가는 피들을
헌혈 용도로 쓸 수는 없는 걸까?

일단 코피와 같이 우리 몸에서
한번 빠져나왔던 피를
다시 몸속에 집어넣는 경우들이 있어.
바로 '수술중 수혈'이라는 방법인데,
수술하는 도중에 피가 많이 흐르면
수혈이 필요하지만,
이때 피를 구하기 힘든 상황이라면
출혈된 피를 모아서 쓰는 거지.
근데 이걸 그냥 넣으면
출혈된 피와 함께 있는 오염물질이

전부 혈관으로 다시 들어가서
염증이 생기거나 더 큰 질병을 만들 수도 있어.
따라서 원심분리기를 이용해
피를 깨끗하게 만든 다음
환자의 몸속으로 다시 넣는 거야.

또 이거 말고도 오염물질을 거르는
특수필터를 장착해 재주입하는 경우도 있지.
코피도 마찬가지거든.
당연히 코피도 수술중 흘리는 피처럼
수많은 오염물질들을 포함할 수밖에 없어서
그대로 넣으면 문제가 생길 수도 있어.
그럼 재빠르게 코피를 수집하고
원심분리기나 특수필터를 이용해
피의 이물질을 걸러낸다면
이론적으론 다시 쓸 수도 있는 거야.

하지만 혈액 특성상
신체 밖으로 나오면 금방 굳어버려서
진짜 빠르게 작업이 이루어져야 그나마 가능하지.
근데 헌혈을 한 번 할 때 400ml를 뽑아야 하거든.

코피로 그만큼을 뽑을 바에는
그냥 헌혈하는 게 낫지 않을까?

88:88

한국이 크리스마스를
휴일로 챙기는 이유

1 딱 1분만
집중해서 읽어봐

크리스마스는 예수 그리스도의 탄생을
축하하는 날이잖아?
왜 우리나라에선 기독교인이 아니어도
예수님의 생일을 챙기는 걸까?
이게 다 역사적인 이유가 있더라고.

우리에겐 크리스마스가
공휴일로 지정될 만큼 큰 행사지만
안 그런 나라들도 꽤 많아.
이슬람 문화권은 당연하고,
중국과 일본도 크리스마스가 공휴일이 아니지.
근데 1945년에 우리나라가 일제로부터 해방되어
미군이 우리나라에 들어왔잖아?

그런데 미국인의 대부분은 기독교 신자라서
크리스마스가 아주 중요한 날이었거든.
따라서 많은 관공서가 이날 쉬게 되었고,
1949년에 정부를 수립하면서
자연스럽게 공휴일로 지정한 거야.

또 우리나라는 기독교 신자가 많다 보니까
전체적으로 성탄절을 축하하는 분위기로 자리 잡았는데,
기업들은 이때를 놓치지 않고
크리스마스를 상업적으로 활용했어.
부모님이 산타 행세를 하며
자식들에게 선물을 사주는 건 물론
연인 사이에도 선물을 주고받기 시작했지.
이런 상황 때문에 종교를 떠나 모두가
자유를 느끼는 축제처럼 되어버린 거야.

지금까지도 기업들의 크리스마스 마케팅은
꾸준히 이어지고 있는데,
시기상 날도 워낙 춥다 보니까
연인끼리 꼭 붙어서 이벤트도 하고
알콩달콩하는 날로 정해진 거지.

정작 기독교인들은 이날 성탄 예배를 드리는데
커플들이 왜 제일 신난 거냐! 짜증나게!

88:88

합죽이가 되라는데,
합죽이가 뭐지?

딱 1분만
집중해서 읽어봐

"합죽이가 됩시다! 합!"
이런 말 다들 들어봤지?
조용히 하라는 뜻인 건 다들 알지만
합죽이가 대체 뭔데 되라고 하는 걸까?

합죽이의 사전적인 의미는
이가 빠져서 입과 볼이 움푹 들어간
사람을 낮잡아 이르는 말이라고 해.
한마디로 노인 분들이 나이가 드셔서
이가 다 빠진 그런 상태를 말하는 거지.
아무래도 뜻이 좀 충격적이지 않아?
이가 빠지면 자연스럽게
입안의 공간이 줄어들게 되니까

통통했던 볼살이 안쪽으로 모여들게 되고
그렇게 입이 삐쭉 튀어나온 생김새가 되는 거야.
어떻게 보면 딱 조용히 하는 표정이라서
이 말을 쓰기 시작한 것 같긴 하지만
단어 자체의 원래 뜻이 좀 부정적이지.

이 단어의 뜻을 알게 된 사람들은
부정적인 뜻이 있음에도 불구하고
어린아이들에게 이런 말을
암묵적으로 각인시키는 것이
교육상 좋지 않다는 의견이 대부분이야.

하지만 대부분의 선생님들은
이 합죽이라는 단어의 정확한 뜻이
뭔지 모른 채 사용하고 있기도 하고,
워낙 관용적으로 많이 쓰이는 말이라서
큰 의미를 두지 않아도 된다는 의견도 있어.

그래도 잘 생각해보면
장애인을 비하하는 단어에 속하니까
적어도 뜻을 아는 사람들은
쓰지 않는 방향이 좋지 않을까 해.

만약 뜻을 알고도 합죽이가 되라는 건
조용히 안 하면 합죽이로 만들겠다는 뜻이니까!

화장실 휴지는
어떻게 걸어야 맞나?

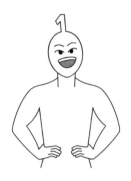

1 딱 1분만
집중해서 읽어봐

다들 화장실에 있는 두루마리 휴지를
어떤 방향으로 걸어두고 있어?
크게 2가지 방법이 있을 텐데,
이 방향 문제로 의견이 분분해서
도대체 어떤 게 맞는지 내가 알아왔어.

설문조사 결과,
휴지가 바깥쪽으로 나오게 거는 사람이
더 많다고 하더라고.
안쪽에 걸면 벽면의 습기가 묻어서
휴지가 젖는다는 게 이유였지.
바깥으로 걸면 고양이가 다 뜯어버려서
안쪽으로 건다는 사람도 있었어.

이 두루마리 휴지를 처음 만든 사람은
'세스 휠러'라는 직장인이거든.
그 사람이 두루마리 휴지를
무려 1891년에 개발해서 미국 특허청에 등록했어.
휴지를 두루마리로 만들고 절취선도 만들었지.
이 사람은 '휴지가 바깥쪽으로 나와야
절취선이 더 잘 잘리지 않을까?'라면서
그림 자체를 휴지가 바깥쪽으로 나오는 형태로 등록했거든.

두루마리 휴지를 만든 사람이 의도한 건
휴지가 바깥으로 나오는 건데,
그럼 지금은 어떨까?

우리나라 휴지회사에
"어느 방향이 맞나?"고 문의해봤는데,
여기서도 "바깥쪽으로 거는 게 맞다"는
대답이 돌아왔어.
요즘 휴지들은 안쪽 면이 더 부드럽게 나와서
안쪽을 써야 하는데,
휴지가 벽에 붙어 있으면
손으로 둘둘 감았을 때 바깥면을 쓰게 되거든.
바깥으로 걸어둬야 안쪽 면을 쓸 수 있지.

나는 한평생을 휴지 겉면을 쓰면서 살았는데,
왠지 좀 억울하네!

읽씹과 안읽씹,
뭐가 더 나쁠까?

1 딱 1분만
집중해서 읽어봐

카톡을 하다가 1은 사라졌는데 답장이 없으면 빡치지?
그렇다고 1이 계속 남아 있으면
이건 이거대로 또 빡치잖아?
읽씹과 안읽씹, 둘 중에 뭐가 더 기분이 나쁠까?

일단 '읽고 씹는' 읽씹이 싫은 이유는
상대방을 무시하는 행동이기 때문이야.
현실에서 대화하던 중에 내 말을 듣고도
대답하지 않는 거랑 똑같은 거야.
주로 읽씹을 하는 사람들은
갑자기 급한 일이 생겨 답장을 못 했다고 하지만
카톡은 매일 들어와서 확인하는 어플이니까
그런 이유로는 정당화하기 힘들지.

그래서 어느 순간부터 사람들은
안읽씹이라는 방법을 사용하기 시작했어.
'나는 너의 카톡을 아직 읽지 않았기 때문에
답장을 안 하는 거다'라는 방어 수단이 추가된 거야.
카톡의 특성상 대화방에 들어가지 않아도
알림을 통해 내용을 확인할 수 있어서
어떻게 보면 좀 더 지능적인 방법이 읽씹인 거지.

그런데 안읽씹도 나름의 빡침 포인트가 있어.
보낸 사람 입장에서는 상대방이
아직 톡을 안 읽었다고 생각하기 때문에
하염없이 답장을 기다리면서
희망 고문을 당하기도 하고,
심지어 내 카톡을 안 읽는 상대가
인스타 스토리라도 올렸을 땐
그 배신감은 이루 말할 수 없지.

최근 한 유튜브 채널에서 진행한 인터뷰에서는
읽씹보다 안읽씹을 더 싫어하는 사람이
약 1.7배나 더 많았어.

결국 읽씹이든 안읽씹이든
나도 똑같이 무시하는 게 가장 좋은 방법이긴 한데…
한 달 전에 1만 원 빌려간 유정아, 안읽씹 그만하고 내 톡 좀 읽어!

88:88

카톡 알림음은
대체 누구 목소리일까?

1 딱 1분만
집중해서 읽어봐

전 국민이 다 아는 소리가 있을 거야.
바로 "까똑, 까똑"이라는 알림음인데,
이게 과연 누구 목소리일까?
기계음 같기도 하고,
어린아이를 따라한 목소리 같기도 하잖아?
예상과는 다르게 저 소리의 주인공은
진짜 어린아이의 목소리였어!
카카오 크루인 브랜든의 30개월 된 딸이었지.
어린아이의 목소리를 써서 알림음을 만든 데도
다 역사적인 이유가 있더라고.

라떼 유행했던 〈시크릿 가든〉이라는 드라마가 있거든.
이 드라마에서 "문자 왔숑"이라는 음성 알림이

큰 인기를 얻었고,
카카오에서도 음성 알림을 만들자는 의견이 나왔어.
보통은 목소리 전문가인 성우를 섭외해서
녹음을 하는 게 일반적인 방식이지만
당시 카카오 크루들은
'굳이 그렇게까지?'라는 생각으로
성우를 뽑는 것 대신 폰으로 어린 자녀의 목소리를 녹음해
알림음으로 쓸 목소리를 선정해서
"까똑"이라는 알림음이 생기게 된 거야.
진짜 어린아이 목소리라고 생각하니 더 귀엽지 않아?

아, 이거 말고도 지금은 사라졌지만
"카카오톡"이라는 알림음이 있었는데,
이 목소리의 주인공은 미국의 오바마 전 대통령이야.
오바마 전 대통령이 내한 중 연설에서
카카오톡이라는 단어를 언급한 적이 있는데,
여기서 감명을 받은 카카오 CEO가
백악관 홈페이지와 관련 법령을 낱낱이 뒤져서
일주일 만에 카카오톡 알림음으로 등록했다고 해.

이처럼 카카오 알림음은
유명인부터 일반인까지 다양하게 사용된다고 하는데,
다음은 내 차례인가!

88:88

모기를 완벽하게
퇴치하는 방법

1 딱 1분만
집중해서 읽어봐

여름이 더워서 짜증나는 것도 있지만,
모기란 놈도 아주 큰 지분을 가지고 있지.
그래서 내가 앞으로 여름에 모기랑 씨름하지 말라고
모기 없이 지내는 방법을 알아왔어.

일단 모기가 몸에 안 붙게 하려면
모기가 좋아하는 걸 피해야겠지.
모기는 일단 어두운색을 좋아해.
그러니 잠옷이 검은색 계열이라면,
흰색이나 밝은색으로 바꿔 입으면 도움이 되지.
아니면 모기가 싫어하는 허브나 계피를 곁에 두면 돼.

또 모기는 눈이 좋지 않아서
이산화탄소를 찾아다니거든.
그러니 가급적 숨을 쉬지 않으면
모기도 나에게 못 찾아올 테지만,
솔직히 이건 좀 많이 힘들겠지?

그럼 모기의 천적을 기르는 방법도 있어.
일단 뿌리부터 뽑으려면
모기의 유충인 장구벌레를 잡으면 되잖아.
집에 미꾸라지를 키우면
하루에 약 1천 마리의 장구벌레를
잡아먹는다고 하더라고.
또 다 큰 모기를 잡으려면 잠자리나 물방개,
박쥐를 키우는 것도 도움이 되지.

이것도 좀 많이 그런가?
걱정하지 마, 진짜 좋은 방법이 있어.
일단 모기는 이산화탄소와 더불어
젖산을 찾아다니는데,
젖산이 사람의 땀에도 포함되어 있거든.
한여름에 땀을 뻘뻘 흘리고서 씻지도 않고 자니까
몸에 있는 젖산 덩어리를 보고
모기가 달려드는 거지.

맨날 모기가 나만 보면 달려든다고?
그러게 자기 전에 샤워 좀 하라니까!

5장
알고 보니
다 이유가 있더라

88:88

1분은
왜 60초일까?

1 딱 1분만
집중해서 읽어봐

1분은 왜 60초일까?

너무 당연한 사실이지만

여기에도 과학적인 이유가 있더라고.

60을 기준으로 수를 세는 걸 60진법이라고 불러.

이런 셈법은 고대 바빌로니아 때부터 사용했는데,

옛날에는 농사짓는 일이 굉장히 중요해서

태양의 움직임을 열심히 관찰했거든.

근데 가만 살펴보니까

계절이 대략 360일에 한 번씩 반복되는 걸 발견했고,

이게 1년으로 정해진 건 자연스러운 과정이었어.

이걸 표기하기 위해

60을 단위로 세면 편하다는 사실도 깨달았지.

이뿐만 아니라 동양에서는
12지신과 10간을 사용했는데
10간은 갑을병정무기경신임계고,
12지신은 자축인묘진사오미신유술해잖아?
하나씩 조합해보면 총 60개가 나오거든.
이런 방식으로 연도를 세다 보니
60진법이 익숙해진 거야.

또 제일 중요한 이유가 있는데,
60이라는 수는
1부터 6까지 모든 자연수로
딱 나눠떨어지는 숫자라서
뭔가를 계산하거나 할 때
소수점이나 분수를 쓸 빈도가 훨씬 줄어들어.
하여간 옛날부터 편한 건 알아가지고
시간이나 각도에서 60을 기준으로 삼은 거지.

중간에 프랑스에서 시간 셈법을
10진법으로 바꾸려고 시도하기도 했지만
그간 쓰던 60진법이 워낙 편해서 결국 실패했어.

이래서 내가 지독하게
이 책에서도 60초(1분)를 맞추는 거라고.

🔲🔲:🔲🔲

왜 업데이트는
99%에서 꼭 느려질까?

🕐 1 딱 1분만
집중해서 읽어봐

업데이트는 왜 허구한 날 99%에서 멈추는 걸까?

빨리 채워지다가도 꼭 99%에서 멈춰서

사람을 조바심 나게 만들잖아.

근데 이게 알고 보니 과학적인 이유가 있더라고.

일단 무언가를 다운로드하거나 압축을 풀 때

퍼센트가 채워지는 저 과정을 거치는데,

거기 나오는 퍼센트는

그냥 전체 파일 용량을

1/100로 나눠서 표시한 거야.

100짜리 파일이라고 하면

1만큼 다운로드할 때마다 퍼센트가 채워지는 거지.

그런데 파일을 다 다운로드한다고 끝나는 게 아니야.
다운로드한 그 프로그램을
내 컴퓨터에 잘 등록도 해야 하고,
시스템에 잘 적용하는 과정도 진행해야 하거든.
보통 처음 개발할 때 이런 작업을
마지막 1%에 배치하는 경향이 있어서
이게 생각보다 오래 걸리면 99%에서 멈추는 거지.

또 다운로드 과정에서의 오류도
보통 그 과정에서 나타나는 거라서,
오래 걸리는 수준이 아니라
아예 멈춰버리는 현상도 생기게 돼.

그리고 다운로드할 때
남은 시간이 같이 표시되는 경우도 본 적 있지?
여기서 해당 프로그램은
내 컴퓨터 사양이나 인터넷 환경을 아예 모르고 있어서
1%씩 다운로드하는 데 얼마나 걸리는지 지켜본 다음에
전체는 얼마나 걸릴지 계산해서 알려주는 거야.
그래서 시간이 계속 바뀌는 거지.

근데 해도해도 너무 오래 걸린다고?
그건 똥컴을 쓰고 있어서 그런 게 아닐까?

88:88

하루살이는
정말 하루만 살까?

🕐1 딱 1분만
집중해서 읽어봐

밤에 불빛 근처로 벌레가 엄청나게 모여드는데,

그중 하루살이라는 곤충이 많아.

얘네는 하루만 산다고 해서

하루살이라고 불리는 거잖아.

그럼 진짜 하루만 살고 죽는 걸까?

결론부터 말하자면, 진짜 하루만 사는 건 아니야.

하루살이도 다른 곤충처럼

성체가 되기까지의 단계가 있는데,

먼저 알에서 깨어나 애벌레가 된 다음

중간 단계인 아성충 단계를 거쳐서

어른 벌레가 되거든.

애벌레 상태일 땐 물속에 있어서

사람 눈에 잘 띄지가 않아.
이렇게, 짧으면 한 달, 길면 3년까지도 살 수 있고
평균적으로는 1년 정도 살 수 있어.
그래서 하루살이가 하루만 산다는 건 틀린 말이지만
완전한 성충이 되고 나면
이땐 1~2일 정도만 살 수 있어서
하루살이라는 이름이 붙게 되었지.

근데 이만큼밖에 못 사는 이유가 또 어이가 없어.
하루살이는 성체가 되면 입이 퇴화해서
음식을 먹을 수가 없거든.
그래서 하루 동안 밥도 못 먹고 번식만 하다가
굶어 죽게 되는 거야.

물론 안 먹고 잘 버티는 애들이나 돌연변이는
몇 주를 살아 있기도 해.
어쨌든 우리가 눈으로 확인할 수 있는
그 하루살이들은 내일이 되면 죽는 애들이고
사람에게는 피해를 주지 않는 곤충이니까
뭐 너무 미워하지는 말자!

근데 하루살이는 성체일 때만 번식을 할 수 있는데
지금까지도 멸종을 안 했잖아?
그럼 하루 동안 도대체 얼마나 번식을 열심히 한 걸까?

88:88

하품은
왜 전염될까?

1 딱 1분만
집중해서 읽어봐

왜 옆사람이 하품하는 걸 보면
나도 따라서 하품이 나는 걸까?
뭔가 전염성이 있는 것도 아니고,
진짜 신기하잖아.
이것도 알고 보니 과학적인 이유가 있더라고.

우선 하품 자체는 각성 효과를 위해 나타나는 거거든.
보통 지루하거나 피곤하다고 느낄 때 하품이 나오는데.
이게 뇌를 깨우려고 시도하는 행위거든.
실제로 하품을 하고 나서 10~15초가 지나면
카페인을 섭취한 것처럼 각성 효과가 나타나지.
또 하품으로 몸속의 뜨거운 열기가 배출되고
온도가 떨어지면서 정신을 차리게 되는 거야.

이런 현상을 모방하게 되는 이유는
바로 뇌에 있는 거울신경세포 때문이라는
심리학에서의 연구 결과가 있어.
다른 개체의 움직임을 관찰하면서
이 세포가 활성화되고
상대를 모방하게 되는 거지.
그렇게 다른 사람이 하품하는 걸 보면
나도 하품이 필요하다는 단서로 인지하고
따라하게 되는 거지.

그런데 다른 사람을 모방하는 행동은
하품에만 국한되는 건 아니야.

이런 현상은 공감 능력과 연관된 것이라서
상대가 웃으면 나도 따라 웃게 되고
슬퍼하면 나도 슬퍼지는 것도
같은 맥락이라고 할 수 있어.

이렇게 다른 사람의 말이나 행동을
무의식적으로 따라하게 되는 걸
'메아리 현상'이라고도 해.
신기한 건, 이게 가까운 사람이거나
친근한 사람일수록
더 많이 따라하는 경향이 있다는 거지!

88:88
샤워 후에 손이
쭈글쭈글해지는 이유

1 딱 1분만
집중해서 읽어봐

샤워를 다 하고 나서 손을 보면
손끝이 엄청 쭈글쭈글하잖아.
특히 목욕탕에 가거나 하면 더 심해지는데,
이게 과학적인 이유가 있더라고.

일단 가장 많이 알려진 이야기는
삼투압 때문이라는 건데,
이건 농도가 낮은 쪽에서 농도가 높은 쪽으로
물질이 이동하는 현상이야.
목욕물은 농도가 낮고
우리 몸은 농도가 높아서
물이 손으로 이동한다는 거지.
그럼 피부 표피가 불어서 손이 쭈글쭈글해지는 거고,

소금물에 담긴 오이가 쭈그러들거나
배추를 소금에 절이는 것도 같은 원리야.

이게 가장 널리 알려진 이야기이지만
이것뿐만 아니라 진화론적인 이유도 있다고 해.
즉 우리 몸이 물속에서도 물체를 붙잡기 편하도록
진화했다는 이야기가 있어.
연구진이 마른 손과 주름진 손으로
수조에 담긴 구슬을 집어서
다른 수조로 옮기는 실험을 진행했는데,
주름진 손이 12%가량 빨랐거든.
또 빗속을 걸을 때 발가락이 주름져야
덜 미끄러우니까 생존 확률이 높아지지.

실제로 자동차 타이어를 보면
홈이 파여 있잖아.
이 홈을 통해 빗물을 흘려보내서
미끄럼을 방지하고 마찰력을 높이는 건데,
물에 닿으면 쭈글쭈글해지는 것도
이런 비슷한 기능을 수행하지.

샤워를 빨리 하면 손이 안 불어나지만
따뜻한 물을 틀어놓고
가만히 서 있는 건 못 참지!

축구중계 볼 땐
왜 치킨이 진리인 걸까?

**딱 1분만
집중해서 읽어봐**

'축구' 하면 뭐야? 치킨이잖아!

근데 왜 다른 음식도 아니고 하필이면 치킨인 걸까?

이게 과학적인 이유가 있더라고.

우리나라는 1970년대부터

치킨이라는 음식이 나오기 시작했는데

이땐 재래시장에서 파는 게 보통이었고,

1980년대에 접어들어서

'페리카나'나 '멕시카나' 같은 브랜드가 등장했어.

그런데 이 치킨 프랜차이즈가 등장하기 시작하면서

영업 이익을 내기 위해

치킨과 맥주를 함께 팔기 시작했거든.

타깃은 바로 퇴근 후에 한잔하려는 직장인이었지.

이때까진 그렇게 대중적인 음식이 아니었는데
타이밍 좋게 2002년 월드컵이 시작된 거야.
치킨 업계는 이 타이밍을 놓치지 않고
'축구 볼 땐 치킨'이라는
아주 강력한 메시지를 전달하면서
공격적인 마케팅을 진행했어.

이게 먹혀들어서 사람들이
치킨과 맥주, 축구를 함께 즐기기 시작했고
지금까지도 이 문화가 이어지고 있는 거야.

이런 마케팅뿐만 아니라
치킨 자체가 뭘 보면서 먹기에 적절한 음식이긴 해.
삼겹살 같은 음식은 굽고 쌈 싸고 하다 보면
손과 눈이 너무 바쁘고
또 그러다 보면 명장면을 놓칠 수도 있는데,
치킨은 그냥 손에 들고 먹기만 하면 되고
맛도 환상적이잖아.

기름진 치킨에 시원한 맥주의 조합이
유행하지 않는다면 그게 더 이상한 일이지!
그래서 치킨은 뭐다? 뿌링클이다!

88:88

휴대폰 진동이 왔다고
착각하는 이유

1 딱 1분만
집중해서 읽어봐

주머니에 아무것도 없는데
갑자기 진동이 울리는 것처럼 느껴지거나
진동이 울려서 휴대폰을 봤더니
아무 알림도 없어서 당황해본 적 있지?
이게 단순한 착각인가 했더니
사실 과학적인 이유가 있더라고.

실제로는 진동이 울리지 않았는데
진동을 느끼는 현상을
'유령 진동 증후군'이라고 불러.
이게 휴대폰에서만 나타나는 게 아니라
20세기 초부터 비슷한 현상이 있었어.
옛날에 전기톱 같은 진동 기구를

오래 사용하던 노동자들이
일을 하지 않을 때도
팔에서 진동 느낌이 나곤 했었거든.
이땐 '손팔 진동 증후군'이라고 불렸는데
그리 흔한 현상은 아니었어.
그런데 휴대폰이 보편화되면서
많은 사람이 이런 현상을 겪기 시작했지.

우리 뇌는 수많은 감각 정보를 처리하면서
이미 알고 있는 사전지식이나 판단을 이용해
자극이 뭔지 판단하게 돼.
근데 우리는 휴대폰을 엄청나게 많이 사용하고
또 진동도 많이 느껴왔잖아.
이래서 뇌가 전자기기와의 교류를 예상하고 있을 때
갑자기 미세한 스침이나 신경 자극이 느껴지면
이걸 휴대폰 진동으로 인식하는 거야.
　　　　현대인들은 이런 현상을 무려 70% 이상이 겪고 있지.
　　　　휴대폰 의존도가 높거나 대인관계에서 불안감이 높을수록
　　　　　　　이런 현상이 더 흔하게 나타난다고 해.

차라리 이렇게 진동이 울린 줄
착각한 것이면 괜찮은데,
스팸일 때가 진짜 빡친다고!

88:88

모니터 화면이
물결치는 현상은 뭘까?

딱 1분만
집중해서 읽어봐

카메라로 화면을 찍어보면
뭔가 이상한 물결무늬가 나오잖아.
도대체 이 물결의 정체는 뭘까?

일단 근본적인 이야기로 돌아가보면,
우리가 보는 휴대폰이나 모니터, TV 화면 같은 경우
멈춰 있는 것처럼 보이지만 사실 멈춘 게 아니야.
주기적으로 전류를 받아오고 있어.
1초에 몇 십 번이나 깜빡이고 있지.
근데 우리 눈은 보통 24Hz부터
동영상이라고 인식할 수 있어서

보통 우리가 인식하지 못하는
60Hz 정도의 빠른 속도로 화면을 바꾸는 건데,
여기서 문제가 생기는 거야.
카메라 셔터 속도도 60Hz 정도거든.
그럼 화면의 송출 주기와 카메라 셔터 속도가
미묘하게 어긋날 확률이 높아져서
화면이 깜빡이는 순간이 잡히게 되거든.
그 결과 화면이 어두워지기도 하고,
이상한 이글거림이나 물결무늬도 생기게 돼.

이렇게 규칙적으로 되풀이되는 모양이 합쳐져서
물결무늬처럼 보이는 걸 '무아레(moiré)'라고 불러.
이걸 해결하려면
카메라 성능이 좀 떨어지면 되거든.
전면 카메라는 비교적 성능이 낮아서 잘 나오고,
후면 카메라를 사용할 경우엔
셔터 스피드의 설정값을 더 낮게 바꾸면 돼.
이것도 귀찮으면 좀 멀리 떨어져서
확대하고 찍으면 이런 현상이 줄어들지.

사실 형광등 아래에서 사진 찍을 때
선명하지 않은 것도 비슷한 원리인데,
이래서 셀카는 자연광이 국룰!

88:88
대학만 가면
정말 연애할 수 있을까?

1 딱 1분만 집중해서 읽어봐

"대학만 가면 연애할 수 있다"는 말,

다들 들어봤지?

학생 때는 연애보다는 학업에 더 열중하라는

의도로 하는 말이긴 하지만

이게 어느 정도 통계적인 근거가 있더라고.

이 말을 가장 많이 듣는 고등학생들을 기준으로

남성은 19%, 여성은 23%가 연애중이야.

그런데 20~24세의 남성은 29.7%,

여성은 37.7%가 연애중이라는

핑크빛 가득한 통계 자료가 있어.

남녀 비율에서 이렇듯 차이가 생기는 건

한 사람이 두세 명씩 만나서 그런 게 아니라,
여성이 연상의 남성을 사귀는 경우가 많아서 그런 거니까
당황하지 말길!

어쨌든 고등학생 때와 달리 대학생이 되면
외모에도 더 신경을 많이 쓰고,
남녀가 한데 어울려
조별 과제나 동아리 활동을 하는 경우도 많아지고,
술이나 클럽 같은 유흥도 즐길 수 있잖아.
또 타지의 대학에 가는 경우도 많다 보니
자취하는 사람도 많을 거고,
그렇게 사랑이 시작되는 거지.

결론적으로 부모님이 말씀하시는 것처럼
대학 가면 연애할 확률이 높아지는 건 사실인데,
다만 모든 것엔 예외라는 게 있어!
대학교를 졸업할 때까지
한 번도 연애를 못해봤다는 사람도
9.2%에 달하거든.

그래도 절대 다수인 91.8%가
연애를 한 번이라도 해봤다는 거니까,
우린 다수에 속하길 빌어보자!

88:88

밤에 잠이
안 오는 이유

⏱ 1 딱 1분만
집중해서 읽어봐

나도 아침형 인간이 되고 싶은데,

왜 밤에는 잠이 안 오고 낮에는 졸려 죽겠는 걸까?

이게 과학적인 이유가 있더라고.

우리 몸엔 생체 시계라는 게 있어.

우리 몸은 그간의 패턴을 바탕으로

생체 시계라는 걸 구축하는데,

이게 매일이 똑같아야 수면 패턴도 맞아서

사람이 개운하게 자고 일어날 수 있거든.

근데 우린 보통 주말이면 평소보다 훨씬 늦게 일어나지?

이때부터 그 생체 시계가 틀어지기 시작하는 거야.

그럼 늦게 일어난 그날 밤은 잠이 안 올 거고,
또 유튜브나 웹툰을 보다가 늦게 자버리면
다음날 아침은 더 일어나기가 힘든 거지.
이렇게 생체 시계가 틀어지면
그 영향이 평일까지 이어지고,
낮에는 졸려 죽겠는데
밤엔 말똥말똥한 패턴이 습관처럼 정착되는 거야.

이처럼 수면을 위한 최적의 시간이
자꾸 뒤로 밀리는 현상을
'수면위상지연증후군(DSPD)'이라고 불러.
이 생체 시계를 고치려면
햇볕 쬐는 시간을 늘리면 되는데,
낮에 햇볕을 열심히 쬐고
밤에는 휴대폰이나 화면에서 나오는 강한 빛을 안 보면
패턴을 맞추는 데 도움이 될 거야.
주말이라고 너무 늦게 자고, 늦게 일어나면
이 현상에서 벗어나기 힘들어지니
주말에도 너무 늦게 자지 말아야 해.

근데 하루를 열심히 보내고,
밤에 일찍 자긴 솔직히 너무 억울해!

88:88
모든 영상에
'싫어요'가 달리는 이유

⏱ 딱 1분만
1 집중해서 읽어봐

대부분의 유튜브 영상에는
거의 무조건 '싫어요'가 달리잖아.
기부하는 내용의 영상처럼
아무리 좋은 취지의 영상이라도
'싫어요'는 꼭 달려 있지.
이렇게 모든 영상에 꼭 '싫어요'가 달리는 것도
과학적인 이유가 있더라고.

대부분의 사람은 긍정적이거나 중립적인 경험보다
부정적인 경험에 더 많은 의미를 두게 되는데
이걸 '부정편향'이라고 불러.
예를 들어, 맛있는 식당에서 밥을 먹은 기억의 경우
음식이 맛있다는 기억과

그 식당에서 힘들게 웨이팅한 기억이 함께 있다면
안 좋은 기억이 좀 더 쉽게 부각되는 거야.
마찬가지로 유튜브의 어떤 영상이
아무리 좋은 주제라도 누군가는 부정편향에 의해
불쾌한 감정을 느낄 수도 있다는 거지.

또 영상 자체에 소수만이 알아챈
문제점이 있을 수도 있어.

이런 이유뿐만 아니라
다른 사람들의 선행이 너무 위선적으로 보인다거나
잘나가는 유튜버에 대한 질투심으로
'싫어요'를 누를 수도 있는데,
이런 경우엔 그 영상이나 유튜버에게
부정적인 영향을 주려는 의도와는 달리
'싫어요'가 주는 영향이 거의 없어서
오히려 조회수를 늘려주는 결과가 되기도 하지.

사실 인생도 똑같거든.
내가 아무리 열심히 살아도
누군가는 나를 싫어하게 되어 있잖아?
근데 이게 내 인생에는 아무 영향이 없고
오히려 이런 경험이 밑거름이 될 수 있는 거니까
이런 걸로 스트레스 받을 필요가 전혀 없어.

🕛 가장 비싼 로열티를
받은 사진은?

⏱ 딱 1분만
집중해서 읽어봐

컴퓨터 좀 만져본 사람들은

윈도우 XP의 기본 배경화면이 참 익숙할 거야.

나는 이게 그냥 가상의 그림이거나

컴퓨터 그래픽으로 만든 것이라 생각했는데.

이게 진짜 존재하는 장소더라고.

그 장소는 미국 캘리포니아주의

소노마 카운티에 위치한 포도밭이야.

1996년에 이 근처를 방문한 사진작가 찰스 오리어가

근처 목장을 갔다가 너무 아름다운 밭이 있어서

이 포도밭을 사진으로 담게 되었어.

이 사진의 이름은 '블리스(Bliss)',

'더없는 행복'이라는 뜻을 갖고 있지.

근데 포도 농장이 왜 이렇게 잔디밭 같을까?

사진을 찍을 당시에는

농사를 짓지 않는 1월 즈음이었는데,

그 시기 해충이 극성이라 포도 농사가 망해서

모든 포도넝쿨을 뽑아낸 뒤였거든.

참 안 좋은 상황이었지만

덕분에 엄청난 사진이 나오게 되었어.

초록색의 농장과 푸른색의 하늘이 선명하게 나뉘었고,

이런 색채가 눈을 아주 편안하게 만들었거든.

이 사진이 윈도우 XP의 배경으로 채택되면서

세계에서 두 번째로 비싼 저작권료를 받게 되었지.

수십억 명의 사람들이

이 사진을 보았기 때문에 2014년에는

인류 역사상 가장 많이 본 사진으로

추정되기도 했어.

이후 다시 포도나무를 심어서

그 잔디밭의 모습은 사라졌고,

2017년엔 근처에 산불이 나서

포도 농장이 사라질 위기도 있었지.

지금쯤 농장 주인은 포도도 팔고

관광지로도 유명해져 떼돈을 벌었겠지?

88:88

진지할 땐
왜 '궁서체'일까?

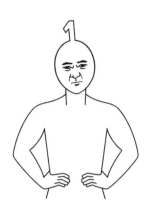

딱 1분만
집중해서 읽어봐

수많은 폰트 중에서
유독 궁서체는 왜 이렇게 진지한 걸까?
이게 다 역사적인 이유가 있더라고.

우리나라의 훈민정음을 살펴보면
글자들이 보통 직선으로 이루어져 있어.
하지만 궁궐에서는 붓을 주로 쓰다 보니까
이 직선들을 예쁘게 쓰기가 힘들었고,
이후 붓으로 쓰기 편한 궁궐용 서체인
궁서체가 탄생하게 돼.
아무래도 궁에서 쓰는 서체니까
더 위엄이 있어 보이게 만들어졌고,
끝에는 붓의 특징인 삐침이 있는 게 핵심이었지.

그렇게 시간이 흘러서
신문과 같은 매체가 등장하고
글자를 찍어내야 하는 시대에 접어들었는데,
이때 궁서체의 삐치는 부분들이
대량 인쇄에 유리한 형태는 아니었어.
따라서 우리나라는 새로운 글꼴을 만들어야 했고,
그렇게 탄생한 게 바로 고딕체!

고딕체는 단조롭고 굵기가 일정한 형태라
인쇄용으로 적합했어.
이때부터 여러 매체가
이런 단조로운 글씨들을 사용하면서
우리가 쉽게 접하는 서체가 되었지.

근데 이런 글씨들은 사람이 썼다는 느낌보단
기계적인 느낌이 많이 들잖아.
이런 기계적인 글씨체에 우리가 적응해버려서
붓글씨를 기반으로 한 궁서체를 보면
좀 더 '엄근진'하게 말하는 듯한 느낌을 받게 되는 거야.
그래서 지금은 정중한 문서에 궁서체가 주로 쓰이고 있지.

아마 지금 궁서체가 가장 안 어울리는 곳은
서울 지하철 4호선의 사당행 열차 아닐까?

88:88
백화점 상품권을
싸게 파는 이유

⏱ 1 딱 1분만
집중해서 읽어봐

10만 원짜리 백화점 상품권은

95,000원 정도로 좀 더 싸게 살 수 있잖아.

그런데 이건 현금처럼 똑같이

10만 원의 가치를 가지고 있지.

백화점 상품권은 왜 더 싸게 살 수 있는 걸까?

이게 경제적인 이유가 있더라고.

백화점이 상품권을 팔게 되면

그 상품권이 바로 사용되지 않는 건

다들 알고 있을 거야.

보통 백화점 상품권은 선물용이니 빨라야 일주일,

늦으면 몇 달씩 안 쓰고 있을 수도 있어.

백화점이 1천억 원어치의
상품권을 팔았으면 1천억 원이란 돈은 생겼지만
당장 그만큼의 물건은 주지 않아도 되는 상황이야.
그럼 백화점에선 이 돈을 여러 방도로 활용하면서
새로운 수익 창출을 시도할 수 있는 거지.
어찌 보면 은행과 같은 원리라고 할 수 있어.

또 여기서 상품권으로 결제를 하게 되면
백화점이 매장에 그 돈을 지급할 때
약간의 수수료를 떼고 주거든.
여기서도 백화점은 수익이 나게 되고,
만약 고객이 상품권을 사고도
기간 내에 못 써서 폐기되는 경우엔
그대로 백화점의 수익이 되는 거지.

한마디로 상품권을 이용하는 것 자체가
백화점 입장에선 엄청난 이득이야.

그러니까 고객이 싸다고 느낄 수 있도록
약간 저가로 유통하면서 상품권 사용을 유도하는 거고,
이건 소비자 입장에서도 나쁠 게 없어.
어딘가 선물을 주고받을 일이 생긴다면
쓸데없는 예쁜 선물보단
다들 현금이나 상품권을 젤 좋아하는 거 알지?

88:88

스포일러는
과연 불법일까?

1 딱 1분만
집중해서 읽어봐

진짜 세상에서 제일 짜증나는 부류가

영화 먼저 보고 스포일러 하는 애들이잖아.

근데 이거 법적으로 문제가 없는 걸까?

내가 자세하게 알아왔으니까 잘 읽어봐.

형법 314조를 보면

"허위의 사실을 유포하거나

기타 위계로써 사람의 업무를 방해하면

5년 이하의 징역 또는 1,500만 원 이하의

벌금에 처한다"고 되어 있어.

근데 잘 보면 '허위 사실'을 유포해야 처벌이 되는 건데,

스포일러는 '사실'을 유출하는 것이라서

처벌이 힘든 거야.
또 업무를 방해하는 부분은 명확하지만
스포일러 때문에 사람들이 영화를 안 봐서
그만큼 피해를 입었다는 걸
증명하는 게 보통 일이 아니지.

그렇다고 무조건 안 걸리는 건 아닌데,
개인적인 평이나 영화 감상을 넘어
상영을 방해할 목적이 뚜렷하거나
조직적으로 내용을 퍼뜨리고 다니면
법적으로 처벌될 가능성이 높아져.
또 말로만 이러는 게 아니라
영화의 한 장면이나 음악, 대사 등을
어딘가에 게시하면
저작권 문제가 걸릴 수도 있어.

어쨌든 스토리에서 범인이 누구고
줄거리가 어떻다 하는 것을 퍼뜨리는 것만으로는
법적 처벌이 어려운데,
그렇다고 주변에 괜히 스포일러 짓을 하고 다니다간
손절당하기 십상이지.

또 어디서는 소설의 범인을 폭로했다가
칼부림이 난 사건도 있으니까 조심해야 해!

88:88

펑펑 울 때
콧물이 나는 이유

**1 딱 1분만
집중해서 읽어봐**

진짜 너무 서러워서 펑펑 울다 보면
눈물 콧물 다 나오잖아.
눈물은 뭐 그렇다 쳐도 콧물은 왜 같이 나올까?
이게 과학적인 이유가 있더라고.

눈물은 우리가 울 때만 나오는 게 아니야.
눈이 건조하면 안구 표면이 손상되고
각종 질병이 생기기 때문에
항상 어느 정도 촉촉함을 유지하기 위해
눈물샘에서 항상 눈물이 분비되고 있지.
근데 눈물이 계속 나오고 있는데도
평소에 눈물이 흘러내리지는 않잖아?
눈꺼풀을 잠깐 들어보면

코와 가까운 위치에
'눈물점'이라는 작은 구멍이 있는데,
여기를 지나 눈물소관으로 이어지고
이게 코까지 이어지거든.
따라서 눈물이 다 말라서 사라진 게 아니라
눈과 연결되어 있는 코가 배수구 역할을 해주는 거지.

평소에야 눈물 양이 적어서
코에 눈물이 들어간다고 콧물이 나거나 하진 않지만
슬퍼서 펑펑 울다 보면 눈 밖으로 흘러나오다 못해
코로도 콸콸 들어가게 돼.
이래서 코에서도 물이 쏟아지는 거고,
이때 나오는 콧물은 실제 찐득한 콧물보다는 맑은 편이지.

울다 보면 입에서 짠맛이 느껴지기도 하지.
이건 코와 입이 연결되어 있어서
입으로 들어간 눈물 맛이 나는 거야.
이렇게 엉엉 울고 나면
스트레스 호르몬이 눈물과 함께 배출되면서
좀 안정감을 찾을 수 있어.

근데 우는 거 안 들키고 싶을 때
코 훌쩍거리다가 다 들켜서 빡치지 않나?

88:88

왜 잘 때
코를 고는 걸까?

⏱️ ① 딱 1분만
집중해서 읽어봐

내가 코 고는 건 나한테 안 들리지만
옆 사람이 코 골면 진짜 짜증나잖아.
잘 때건 안 잘 때건 똑같이 숨을 쉬는데,
왜 잘 때는 코를 고는 걸까?
이것도 과학적인 이유가 있더라고.

코를 고는 소리는
사실 코에서 나는 게 아니야.
잠에 빠져서 목젖이나 근육, 혀 등이
기도를 막게 되면 기도가 좁아지면서
그 좁은 공간으로 공기가 오가느라
숨을 쉴 때 떨림이 발생하게 돼.
이 떨림이 바로 코를 고는 소리인데,

깨어 있을 땐 기도를 잘 열어두니까
똑같이 숨을 쉬어도 소리가 나지 않는 거야.
방귀도 같은 원리로 좁은 곳을 지나가며 소리가 나는 거지.

그럼 왜 사람마다 코를 고는 정도가 다른 걸까?
유전적으로 원래 기도가 좁게 태어난 사람도 있고,
후천적인 원인으로는 비만이 있어.
피하지방이 늘어나면서 기도가 좁아지고
그러면서 소리가 날 확률이 높아지는 거지.

또 어떤 날은 코를 골고
어떤 날은 코를 안 고는 사람이라면
자세가 문제일 수도 있는데,
천장을 보고 정자세로 자게 되면
중력 때문에 혀가 기도 쪽으로 밀리게 되고
이러면 공간이 좁아져서 코를 고는 거야.
정자세 대신 옆으로 누워서 자면
기도가 넓어져서 코를 덜 골게 돼.

만약 옆에서 코를 너무 골면
고개를 밀어서 방향을 바꿔보고,
그래도 골면 코를 쥐고 손으로 입을 막아봐.
더 이상 코를 골지 않을 거야.

🔲🔲:🔲🔲
패션쇼의 옷들이
이상한 이유

⏱ **딱 1분만**
집중해서 읽어봐

샤넬이나 루이비통 등 유명 브랜드들의 패션쇼는
항상 전 세계적으로 화제가 되지.
그런데 막상 거기 나오는 옷들을 보면
저걸 입으라고 만든 건가 싶을 정도로
이상한 옷들이 많잖아.
패션쇼 옷들은 왜 이렇게 다 이상할까?
패션쇼에 나오는 옷들이 이상해 보이는 것도
다 이유가 있더라고.

패션쇼의 종류에는 대표적으로
'오트쿠튀르'와 '프레타포르테'가 있어.
오트쿠튀르는 '고급 의상점'이란 뜻의 프랑스어로
그 시즌의 콘셉트를 제시해서

세계적인 트렌드를 이끄는 패션쇼야.
그래서 디자이너들은 상업성보다는
예술성을 강조한 옷을 만들고,
종종 실험적인 시도를 하기도 해.
즉 오트쿠튀르는 예술작품들을 선보이는
전시회라고 할 수 있지.
두 번째로 프레타포르테는
'고급 기성복'이라는 뜻의 프랑스어야.
오트쿠튀르가 패션의 의미와 예술성에 집중했다면,
프레타포르테에서는 그 의미를 상업적으로 풀어내어
주로 일반인들에게 판매할 수 있는 옷들을 선보이지.

간단히 말해, 패션쇼를 본 후의 반응이
"옷 진짜 예쁘다!"라면 프레타포르테고,
"저걸 누가 입어?"라면 오트쿠튀르라고 생각하면 돼.
그런데 보통 세계적으로 화제가 되는 쇼는
프레타포르테가 아니라 오트쿠튀르라서
일반인들의 시선에서 볼 땐
패션쇼에는 항상 이상한 옷들만 나오는 것처럼 느껴지는 거지.

그런데 오트쿠튀르에 나오는 옷도 신기하지만
그 패션쇼의 모델들도 정말 대단한 것 같아.
이런 옷을 소화하기 위해서는
최소 3대 500은 쳐야 할 것 같은데 말이야!

88:88

나이가 들수록 식물에
관심이 생기는 이유

 딱 1분만
집중해서 읽어봐

집 베란다나 구석구석을 살펴보면
엄마가 키우고 있는 초록 식물들이 있을 거야.
이 식물의 개수는 시간이 갈수록 늘어나고,
할머니 집에 가면 거의 식물원을 볼 수가 있어.
왜 나이가 들면 식물을 좋아할까?
이게 심리적인 이유가 있더라고.

나이가 들수록 자식도 커가면서
전만큼 자식에게 시간을 쏟지 않기도 하고,
직장생활도 다들 그만두거나 슬슬 정리하기 때문에
혼자 있는 시간이 길어지기 마련이지.
그러다 보면 마음이 공허해지고 우울감을 느끼게 돼.
이때 식물을 키우다 보면

이런 우울감이 감소되고
정서에도 도움이 되기 때문에
나이가 들수록 이런 식물에 관심을 많이 갖게 돼.
어떤 집단을 대상으로 한 실험에 따르면,
식물을 키웠을 때 우울감이 30%나 감소하고,
집안 곳곳에 식물을 두는 홈가드닝 인테리어를 하면
우울함 같은 부정적인 감정이 1/3수준으로 줄었대.

식물은 이산화탄소를 흡수해 공기를 정화해줘서
건강에 도움도 되고 습도조절도 해주니
집안 환경에도 좋은 영향을 끼치지.

적당한 관심과 물만 있으면
자식을 키우는 것과는 비교도 안 되게
알아서 잘 크기 때문에 키우기도 편해.

그렇게 한두 개씩 키우기 시작하다 보면
키우는 재미가 붙으면서
다른 예쁜 식물들도 눈에 들어오게 되고,
계속해서 데려다가 키우게 되는 거야.

엄마는 그렇다치고, 아빠는 어떠냐고?
아예 집을 산으로 옮긴 다음
이승윤, 윤택과 같이 방송을 찍는
'자연인'이 되겠다더라고!

🔢 88:88

동물의 새끼는
왜 다 귀여울까?

아기들은 정말 귀여워.
심지어 사람뿐 아니라 동물들도
새끼일 때는 귀엽게 생겼잖아.
그런데 우리는 왜 누가 가르쳐주지도 않아도
아기들을 보면 귀여움을 느끼는 걸까?
이게 다 생물학적인 이유가 있더라고.

오스트리아의 동물학자인 콘라트 로렌츠 교수의 주장에 따르면
이것은 인류의 종족 번식 과정과 관련이 있다고 해.
아기를 보고 귀여움을 느끼는 유전자를 지닌 사람은
아기를 향한 애정과 양육의 욕구가 높아.
그러니 당연히 아기를 귀여워하지 않는 사람보다

더 자녀를 잘 길렀겠지.
그리고 그런 사람들이 모인 집단일수록
다른 집단에 비해 종족 번식과 보존에 유리해서
현재까지 살아남아 온 거지.

그럼 우리는 왜 인간의 아기가 아닌
동물의 새끼에게도 귀여움을 느끼는 걸까?
그 이유는 우리가 아기의 외형적인 특징에서
귀여움을 느끼기 때문이야
대표적으로 몸에 비해 커다란 머리,
'짧뚱한' 팔과 다리, 툭 튀어나온 이마 등이 있는데
이런 특징들을 '유아도해(baby schema)'라고 해.
이런 특징들이 아이뿐만 아니라
동물의 새끼에게서도 동일하게 나타나기 때문에
우리는 동물의 새끼에게도 귀여움을 느끼는 거지.

마찬가지로 우리 주변의
인기 있는 캐릭터들을 한번 떠올려봐.
아마 대부분 이런 특징을 가지고 있을 거야.

이런 아기들을 보고서도 별로 귀엽지가 않다고?
그렇다면 아마 그게 네가 종족 번식을 못하고 있는
결정적인 이유일지도 몰라!

🔲🔲:🔲🔲

흰머리는
왜 생길까?

1 딱 1분만
집중해서 읽어봐

갈수록 늘어나는 부모님의 흰머리를 보면
연세 드신 게 실감나기도 하고,
나 때문인 것 같아서 죄송하기도 하지.
대체 흰머리는 왜 생기는 걸까?
여기에도 과학적인 이유가 있더라고.

머리카락의 모낭 속에는 멜라닌 세포라는 게 있어.
여기에서 색소를 많이 만들어낼수록 머리색이 진해지지.
나이가 들수록 세포의 수나 기능이 떨어지기 때문에
나이를 먹으면서 흰머리가 나는 건 아주 자연스러운 현상이야.

노화가 아니더라도 흰머리가 나는 원인은 다양한데,
대표적인 원인으로 '스트레스'가 있어.

스트레스가 아드레날린을 분비시켜서
모근의 혈관을 수축시키면
멜라닌 색소를 만들기 어려워지거든.
미국 컬럼비아대학교의 연구에 따르면
스트레스를 해소했더니 흰머리였던 모발이
다시 원래 색으로 돌아오는 게 확인되기도 했어.

또 유전적인 영향도 있어.
흔히 젊은 사람에게 나는 흰머리를 '새치'라고 하잖아.
이건 명칭만 다를 뿐 그냥 흰머리라고 보면 돼.
그래서 흰머리와 마찬가지로 유전적인 영향을 많이 받지.
새치가 난 사람은 부모님도 새치가 있었을 확률이 높아.
하지만 너무 어린 나이에 흰머리가 난 경우라면
갑상선질환이나 당뇨병 때문일 수도 있기 때문에
전문의의 진료를 받아보는 게 좋아.

흰머리는 오늘날에도 많은 사람들의 고민이지만
아직 명확한 치료법은 없다고 해.
스트레스를 받지 않도록 컨디션을 관리해주거나
염색을 하는 방법밖에는 없지.

아직 먼 얘기 같다고? 어리다고 너무 안심하진 마.
어느 날 거울을 보다가 뭔가가 반짝인다면
그때부터 본격적인 시작이니까!

이불 밖으로 발이 삐져나오면
왜 신경 쓰일까?

딱 1분만
집중해서 읽어봐

이불 밖으로 발이 삐져나오는 걸

우리는 대체 언제부터 신경 쓰고,

심지어 무서워하기까지 하게 된 걸까?

여기에도 다 이유가 있더라고.

사실 이런 종류의 괴담은 서양에서 시작되었어.

서양은 우리와 달리

옛날부터 침대를 사용했기 때문에

괴담 중에서 특히 침대 아래에 귀신이 있다는 내용이 많았어.

그리고 그 귀신들은 하나같이

아이가 잘 때 이불 밖으로 삐져나온 발을 잡아당긴다는

비슷한 패턴을 가지고 있었지.

그래서 〈컨저링〉을 비롯한 서양의 많은 공포영화에서는
귀신들이 이불 밖으로 나와 있는 주인공의 발을
잡아당기는 연출이 동일하게 사용된 걸 볼 수 있어.

그리고 시간이 흐르면서 발을 잡아당기는 귀신 이야기가
동양에도 전해지게 되었고,
이제는 우리나라에서도 비슷한 괴담을
흔히 들을 수 있게 되었지.
예를 들면 귀신은 구석을 좋아해서 침대 밑에 많다거나
잘 때 발을 내놓고 자면
귀신이 잡아당긴다거나 하는 괴담들 말이야.

그러니까 결국 우리가 이불 밖으로 발이 삐져나왔을 때
왠지 모를 공포감을 느끼는 이유는
그동안 접했던 영화나 괴담 속 귀신의
공포스러운 모습들이 머리에 남아서일 가능성이 높아.
인간은 공포스러웠던 기억과 비슷한 상황이 닥치면
자연스럽게 무서움을 느끼게 되니까 말이야.

그런데 바꿔 말하면,
여기에는 과학적인 근거가 1도 없다는 의미이니까,
앞으로는 이불 밖으로 발이 삐져나와도 무서워하지 말고
마음 편히 자도록 하자!

88:88
생각하고
말하는 방법

1 딱 1분만
집중해서 읽어봐

"생각하고 한 말인가요?"라는 말을 들어본 적 있지?

솔직히 그냥 말부터 튀어나올 때도 있잖아.

근데 진짜 생각하고 말을 할 수가 있을까?

누군가와 말을 하기 위해서는

내가 하려는 말을 뇌에서 먼저 정리한 다음

입으로 내뱉기 때문에

모든 사람이 말을 하기 전에 생각을 하고 해.

근데 여기서 문제는 생각을 조금 더 길게 할 필요가 있다는 거지.

대개 사람들은 대화가 끝나기도 전에

'상대방은 이런 말을 하고 있구나'라고

쉽게 단정하고 결론을 내려버려.

그렇게 빠르게 결론을 내려버리면

자신의 말이 빠르게 뇌 속에서 처리되어
입으로 나와버리지.
그러면 그 상황에서 해서는 안 되는 말,
상대의 의도를 모르고 해버린 배려 없는 말들이
필터링 없이 튀어나오게 되는 거야.

그렇게 자신이 실수했다는 사실을
말을 뱉고 나서야 눈치채게 돼.
'아차' 하고 말이야.
그 짧은 순간에도 머리는 상황을 인지해서
이 말이 여기에 잘 안 어울리는 말이었다는 사실을 인지해내.
그만큼 우리의 뇌는 똑똑하다는 말이지.
이 말을 반대로 해보면,
우리는 모두 말을 하기 전에 생각을 할 수 있다는 거야.

말하기 전에 네가 충분히 아는 말이라도
상대방의 말을 끊지 않아야 하고,
말이 끝났다고 해도 진짜 잠시만 쉬었다가 말해봐.
그러면 그 짧은 시간에도
너의 똑똑한 뇌가 빠르게 정리해서
하면 안 되는 말들을 골라내줄 거야.
그럼 훨씬 더 생각하고 말하는 사람처럼 보일 수 있지.

그렇다고 대화하는 데 5초 정도씩 쉬어가면서 말하면,
상대가 빡치니까 절대 그러진 말고!

낯선 사람을
'선생님'이라고 부르는 이유

딱 1분만
집중해서 읽어봐

"저기요, 선생님~"

우리나라에서는 이렇게 선생님도 아닌데

서로서로 선생님이라고 부르곤 하잖아.

왜 모르는 사람을 선생님이라고 부르는 걸까?

이게 알고 보니 문화적인 이유가 있더라고.

우리나라 사람들은 낯선 사람을 만날 때

호칭을 정하는 문제를 굉장히 어려워한대.

우리나라의 호칭 문제는

상대방과 나의 상하관계가 정립되어야 가능하거든.

나이나 사회적 지위 등으로 위와 아래가 암묵적으로 정해져야

상대를 호칭하기가 편해진다는 거지.

나이를 모르는데
형이나 오빠, 누나, 언니와 같은 호칭을 쓰기엔
나이가 나보다 많아 보인다는 뜻으로 받아들여져
상대방이 기분 나빠할 수도 있기 때문에 애매해지고,
상대방이 누군지도 모르는데
섣불리 낮춰 말하기도 어렵잖아?
이 문제에서 벗어나서
누구씨 또는 누구님이라고 부르려고 해도
이름을 모르니 이것도 쉽지가 않아.

그래서 우리는 낯선 사람에게
웬만하면 서로 상호 존중을 하면서
서로의 기분을 해치지 않는 선택을 하게 된 거야.
그런 호칭으로 가장 적당한 게 바로 '선생님'이라는 단어인데,
이게 단순히 '교사'라는 의미만 있는 게 아니야.
선생이라는 말은 '먼저 태어났다'라는 뜻을 담고 있거든.

이렇게 선생님이라는 호칭은
'당신이 나보다 인생 선배'라는 의미를 내포하기도 하지.
그리고 선생님이라는 직업도 스승이라고 불릴 만큼
우리나라에서는 존경받는 직업이기 때문에
문화적으로 선생님이라는 호칭이
낯선 사람을 부르기에 굉장히 적합해진 거야.

사실 근데 선생님이란 호칭이 유명해진 이유는
강호동 때문 아닌가?

88:88

우리 몸은 36.5도인데
왜 30도에도 더울까?

**1 딱 1분만
집중해서 읽어봐**

한여름에 기온이 30도가 넘어가면

집 밖을 나가기도 무섭잖아.

근데 이상한 점이 하나 있어.

우리의 몸은 평균 36.5도인데

왜 체온보다 낮은 30도에서도 더위를 느끼는 걸까?

이것도 다 과학적인 이유가 있더라고.

우리가 음식을 섭취하면

신체는 섭취한 영양물질을 에너지로 바꾸거나

필요 없는 물질을 몸 밖으로 내보내는 작업인

대사활동을 진행해.

이 과정에서 열이 발생하는데,

이 열을 배출하지 않으면

우리 몸에 손상을 주면서 심각한 악영향을 끼쳐.
따라서 열을 몸 밖으로 내보내야 하는데,
날이 더우면 열을 배출하기가 쉽지 않아.
그렇다고 굶어서 대사활동을 안 할 수는 없으니까
우리 몸은 땀을 이용해 체온 조절을 하는데,
땀이 증발하면서 열을 내보내주기 때문에
우리가 체온을 일정하게 유지할 수 있는 거야.

하지만 날씨가 더워질수록
우리 체온과 바깥 기온의 온도 차이가 별로 없어져서
땀의 증발이 어려워지기 때문에
효과적으로 열 배출을 못 하게 돼.
그러니까 결론은 덥고 습한 날이면
땀은 계속 나는데 증발은 안 되고
따라서 열 배출이 안 되니까
우리 몸도 계속 덥다고 느끼는 거지.

이럴 때는 선풍기 바람을 쐬거나 충분한 수분 공급을 통해
몸 안의 열을 내려주는 게 좋아.
계속해서 체내에 더위를 가둬두면
두통이 생기거나 식욕이 감퇴하는 등
건강에도 좋지 않고 심지어 사망할 수도 있다고 해.

결론은, 내가 죽지 않으려면
'겨터파크' 꼴을 하고 돌아다녀야 한다는 거지.

88:88

앉아서 다리를 떠는
이유는 뭘까?

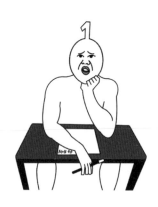

1 딱 1분만
집중해서 읽어봐

옆에서 누가 다리를 떨면

자꾸 신경 쓰이고 짜증도 나잖아.

대체 왜 사람들은 다리를 떠는 걸까?

다리를 떠는 원인이 아직 명확하게 밝혀지진 않았는데,

그동안 다양한 학자들이 제시한

몇 가지의 유력한 가설이 있어.

첫 번째는 신체적인 원인이야.

우리 몸은 특정 부위에 압박을 받으면

혈액 공급이 안 되어 본능적으로

그 부위를 움직이게 되어 있거든.

다리를 떠는 사람들을 보면 다들 앉아 있지?

앉은 자세에서는 하체가 의자에 눌리기 때문에

혈액을 공급하기 위해 반사적으로 다리를 떨게 되는 거야.
미국 미주리대학교의 한 연구에서도
의자에 앉아서 다리를 계속 움직인 사람이
그냥 가만히 앉아 있던 사람보다
혈액순환 장애가 발생할 확률이 훨씬 낮다는 결과가 나왔어.

다리를 떠는 데는 심리적인 이유도 있어.
사람은 불안을 느끼면 그걸 해소하려는 방어기제가
신체적인 행위로 나타나기도 해.
예를 들어 손톱을 물어뜯거나
손을 계속 꼼지락거리는 행동 등이 있는데,
다리를 떠는 것도 그런 행동 중 하나인 거지.

한 심리학자의 주장에 따르면
처음에는 불안감을 해소하려고 다리를 떨기 시작하지만
이런 행동이 반복되면
나중에는 무의식중에 다리를 떨기만 해도
안정감을 느끼게 된다고 해.
그러니까 이렇게 건강에도 도움이 되고,
심리적인 안정감도 주는 다리 떨기를
너무 안 좋게만 볼 필요는 없을 것 같아.

근데 "다리 떨면 복 나간다"는 말은 팩트더라고!
나도 아까 엄마가 다리 떨지 말라길래
'불안감 해소' 논리로 반박했다가 바로 등짝 스매시당했거든!

6
장

딱 1분 만에
궁금증이 풀린다

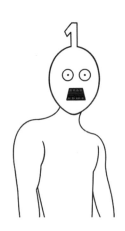

🔢:🔢

에비앙 물 가격이
엄청나게 비싼 이유

① 딱 1분만
집중해서 읽어봐

일반적인 500mL짜리 생수는

편의점에서 1,000원 정도로 구하는 게 보통이고

인터넷으로는 200원대면 구할 수 있는데,

고급 물로 유명한 에비앙은

비싸면 2,000원도 넘는 금액에 판매되고 있어.

그냥 아무 이유 없이 이름값으로 비싼 건가 했는데,

알고 보니 이유가 있더라고.

옛날 프랑스 지역의 귀족들 사이에서

신장결석이라는 병이 돌았는데,

이때 에비앙 지역에서 나는 물을 마시고

이 병이 싹 사라졌다는

소문이 돌기 시작했거든.

그 이후로 돈 많은 사람이
건강을 위해 찾아 에비앙을 마시게 되고,
이게 지금까지 내려온 거야.

그리고 이게 알프스산맥에서 내려오는 물이라
정상에서부터 녹아서
물이 흘러온 거거든.
정상부터 15년간 산에 머물면서
미네랄 성분이 많이 들어갔다는 게
과학적으로 증명되었고,
실제로 물이 미끄럽고 무겁다는 느낌이 들어서
고급스러운 이미지를 가지고
세계로 퍼져나가게 돼.

이렇게 얼마 나지도 않는 물을
세계에서 찾는 사람이 많아지니까
일반적인 물보다 훨씬 비싸질 수밖에 없어졌어.

물이 다 똑같은 물인데
뭐 하러 비싼 걸 먹느냐는 사람들도 있지만,
진짜 그 미세한 맛을 구분해서
에비앙만 찾아 마시는 사람들도 있지.

근데 아무리 그래도 에비앙 가격은

너무 에바앙!

🯰🯰:🯰🯰

업소용 콜라는
뭐가 다를까?

⏱ 1 딱 1분만
집중해서 읽어봐

치킨 시켜 먹을 때

최고의 궁합은 콜라잖아.

그런데 이때 딸려오는 콜라에는

'업소용'이라고 표시되어 있는데,

편의점이나 마트에서 사면 이 표시가 없어.

이 2개가 뭐가 다르길래 이렇게 만들어둔 걸까?

몇몇 사람들은 이게 맛에 차이가 있다고 하는데

사실은 그렇지 않아.

업소용과 일반용은 유통과정이나 가격,

용량에만 다소 차이가 있는데

치킨집과 같은 가게는

치킨 한 마리당 콜라 한 병이 나가기 때문에

편의점이나 마트보다
훨씬 콜라를 많이 팔거든.
그래서 콜라 회사 입장에서도
콜라를 더 많이 사주니까
1.5L짜리 콜라를 1.25L로 용량을 낮추고
더 많은 콜라를 한번에 묶어서
용량당 가격도 더 싸게
납품을 하게 되었어.
그래서 맛에는 아무런 차이가 없지.

그런데 이걸 마트와 같은 유통업자들이 알아내서
치킨집에 유통될 콜라를
자기들이 팔기 시작하는 거야.
코카콜라가 치킨집 같은 업소에 혜택을 주는 걸
마트에서 가로채 마진을 많이 챙겨버리니까
업소용이라는 라벨을 따로 붙여서
마트에서 팔기 눈치 보이게 만들어둔 거지.
물론 이건 아무런 법적 문제는 없어서
마트에서 업소용 콜라는 팔아도 위법은 아니야.

그래서 우리 집 근처 마트에도
업소용 콜라가 있는지 확인을 해봤거든.

정답은 업소용!

사람들은 왜
아메리카노를 마실까?

**1 딱 1분만
집중해서 읽어봐**

한국인의 소울푸드는

역시나 시원한 아메리카노지!

한 잔 딱 마셔주면 지친 몸도 좀 풀리고,

피곤한 것도 훨씬 나아지지.

근데 왜 한국인들은 맛있는 커피를 놔두고

하필 쓰디쓴 아메리카노를 마시는 걸까?

대부분의 커피는 원두에서 추출한

에스프레소를 기본으로 만들어.

달콤한 카라멜마끼아또나 바닐라라떼 같은 커피도

전부 에스프레소에

우유와 시럽을 조합해서 만드는데,

아메리카노는 에스프레소에 물만 섞어서 먹는 거지.

그런데도 사람들이 굳이
아메리카노를 선호하는 이유가 있더라고.
잠에서 깨려면 커피가 직빵이잖아.
근데 커피 중에 아메리카노가 가장 저렴해서
부담 없이 마실 수 있어.

그리고 아메리카노를 마시면
원두 본연의 맛을 더 느낄 수 있다고 하는데
뭐 꿀이나 초콜릿, 과일, 심지어 흙 같은
정말 상상도 할 수 없는 맛이 난대.
그래서 정말 커피를 좋아하는 사람은
커피에서 지구 맛이 난다고도 하고,
또 원두까지 가려 마시는 사람도 있다고 하더라고.

그리고 아메리카노는 입가심 용도로도 좋아.
다른 커피와 달리 텁텁하지 않아서
식후에 깔끔하게 마실 수 있거든.

어떤 사람은 그냥 커피에서 나는
쓴맛이 좋아서 아메리카노를 마신다는데
그건 변태 아닌가?
근데 미식의 국가인 이탈리아에서는
아메리카노를 구정물이라고 부른대.

사실 나도 구정물보단 바닐라라떼가 훨씬 좋아ㅋㅋ

🕛🕛:🕛🕛

수돗물은
마셔도 되는 걸까?

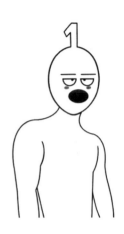

⏱ 딱 1분만
집중해서 읽어봐

수돗물을 마셔본 적 있어?

먹어보면 맛도 살짝 이상하고 조금 냄새도 나는데,

어디서는 수돗물을 먹어도 아무 문제없다고 하잖아.

과연 수돗물은 마셔도 되는 걸까?

일단 전국에 있는 사람들 중

수돗물을 직접 마시는 사람은 5.4%에 불과했어.

대부분이 수돗물을 마시지 않는다는 말인데,

그 이유로는 냄새도 있었고

배수관이 더럽다고 생각한 사람도 있었지.

수돗물 특유의 냄새는

소독약에 있는 염소 때문이거든.

사실 이건 인체에 무해하고
금방 공기 중으로 날아가서 건강상 문제는 없어.

그럼 노후된 수도관들은 괜찮은 걸까?
지금 수도관을 교체하는 사업을
계속 진행하고 있는데,
서울시는 1984년부터 2016년까지
무려 13,339km의 수도관을 교체했다고 하더라고.
근데 이건 공공시설의 수도관 기준이고,
아파트 단지의 수도관은
그 아파트에서 직접 관리해야 해.
따라서 오래된 건물에선
가끔 녹물이 나오기도 하는 거야.

대부분의 아파트는 거의 문제가 없어서
수돗물을 마셔도 되지만,
만약 우리 집은 좀 이상하다 싶으면
수도사업소에 연락해서 검사를 신청하면 돼.
그럼 결과에 따라서 국가가 배관 교체를 도와주지.

결론적으로 요즘은 수돗물을 마셔도
거의 문제가 없으니까

'라면 끓일 때 수돗물 쓰냐, 생수 쓰냐'로
제발 그만 좀 싸우라고!

🔢 🔢 : 🔢 🔢

고깃집 1인분은
왜 항상 부족할까?

⏱ 딱 1분만
집중해서 읽어봐

진짜 나를 화나게 만든 게 있어.
1인분은 말 그대로
한 명이 먹을 분량이라는 뜻인데,
왜 고깃집 1인분은 절대 1인분이 아닐까?

어떤 고깃집은 대놓고
3인분부터 주문이 원칙이고,
그렇다고 3명이 가서 3인분을 시키면
간식만큼도 배가 안 차곤 하지.
그리고 보통 1인분으로 측정해두는 게
120~150g 정도인데,
이건 절대 배부른 양이 아니잖아.
그렇다면 도대체 고기 1인분은

어느 정도의 양이 적당할까?
한번 영양학적으로 분석해보자.

보통 성인 남성은 하루에 2,500kcal를 먹어야 하고,
성인 여성은 하루에 2,000kcal를 먹어야 해.
그럼 평균적으로 한 끼에 750kcal를 먹으면 되는데,
일반적인 한 끼 식사를 놓고 생각해보자.

밥 한 공기에 300kcal이고,
각종 쌈 채소나 쌈장, 된장찌개를
대충 100kcal 정도 먹는다고 가정해보면,
삼겹살은 350kcal 정도를 먹어야 해.
그럼 삼겹살을 68g 정도 먹을 수 있지.
엥? 삼겹살 68g이면 5조각도 못 먹는 건데
이게 권장 섭취량이래.

잠깐만,
그럼 밥이랑 채소랑 된장찌개를 다 포기해보자.
그럼 145g쯤으로 삼겹살 10조각은 먹을 수 있어.

아니, 그럼 가게에서 주는
1인분이 적정량이었다고?
나 혼자 250g은 먹는데,

삼겹살에 밥과 된장까지 먹으면
1,700kcal라고?

88:88

5세 전 기억은
왜 없을까?

보통 어른들을 보면

10년, 20년 된 기억들도 쉽게 떠올리잖아?

기억이라는 건 오래 지난다고 해서

무조건 사라지는 게 아닌데,

유독 5세 전의 기억은 대부분 흐릿해져.

아예 기억이 안 나는 경우도 있어.

근데 이게 과학적인 이유가 있더라고.

인간은 보통 생후 42개월 이전의 기억을 잊어버리는데

이걸 '아동 기억상실증'이라고 불러.

기억을 장기간 저장하기 위해선

해마라고 불리는 신체 기관이 발달해야 하지만,

이게 생후 36개월 시점부터 성장하기 시작해.

그러니까 그 전의 기억들은
장기 기억으로 바뀌기 전에 사라지는 거지.

또 뇌의 저장용량에는 한계가 있는데
성장기에 너무 많은 정보가 뇌에 입력되니까
과거의 필요 없는 기억은 자연스럽게 삭제하게 돼.
보통은 어제 배운 공부나 일을 기억하기도 바쁜데,
아장아장 걸어 다니는 기억까지
다시 꺼낼 필요가 없다는 거지.

또 그땐 말도 제대로 구사할 수 없던 시절이라서
그 상황을 기억할 단서도 찾기 힘들어.
5세 이전엔 내가 지금 뭘 하고 있는지,
내가 무슨 생각을 하고 있는지를
정확히 인식하지 못하거든.
아무튼 이래서 어릴 때의 기억은 쉽게 잊는 거야.

이런 원리로 기말고사 볼 때쯤엔
중간고사 내용이 기억나지도 않는 건데,
시험 범위를 전 범위로 잡는 교수님들은 진짜!!

🎞🎞:🎞🎞
세계일주 비용,
얼마나 들까?

🕐1 딱 1분만
집중해서 읽어봐

다들 '나의 버킷 리스트'에
세계일주 정도는 넣어뒀지?
코로나로 여행 한번 못 가는 이 시국이지만
팬데믹이 끝났을 때를 대비해서
세계 여행 비용은 얼마가 드는지 알아보자.

보통 세계 여행을 가는 사람들은
호주, 아시아, 북미, 남미, 아프리카, 중동,
유럽, 한국 순으로 대략 50개국을 돌더라고.
그럼 항공편으로는 통상 500만 원 정도가 들어.

이제 현지에서 사용할
최소한의 경비를 정해야 하는데,

나라마다 물가가 워낙 다르거든.

보통 호주·북미는 2만 원에서 6만 원,

중동·동남아·남미는 1만 5천 원에서 4만 원,

유럽은 2만 5천 원에서 7만 원으로 잡는다고 하거든.

이건 당연히 숙박비와 식비가

모두 포함된 금액이야.

호텔은 포기하고 게스트 하우스에서 잔다고 해도

하루 최소 5만 원은 잡아야

먹고살 수 있겠지.

또 나라 하나당 3~4일은 있어야 하니까

이걸 바탕으로 계산하면

생활비로만 무려 1천만 원 정도가 들어.

그리고 카메라나 가방, 보험, 예방접종 등

이런저런 준비 비용으로만

150만 원 정도가 따로 필요하지.

항공편과 생활비와 준비 비용을 합치면

최소 1,650만 원을 마련해야 해.

그럼 2022년 최저시급 9,160원을 기준으로

236일 동안 하루 8시간 숨만 쉬고 일하면

기념품 하나 못 사고 세계일주를 일단 다녀올 수는 있지.

88:88

우리가 먹는 치킨이
사실 병아리라고?

⏱ 딱 1분만
1 집중해서 읽어봐

우리가 그렇게 열심히 먹는 치킨이
아마도 몰랐겠지. 닭이 아니라 병아리라는 사실, 알고 있어?

닭 크기에 대한 기준을 알아보자면
100g짜리는 1호, 200g짜리는 2호로 매겨지는데,
우리나라 주요 치킨 프랜차이즈에서 쓰는 닭은
보통 1kg쯤 되는 10호를 사용하거든.
그리고 두 마리 치킨 같은 경우는
이것보다 더 작은 7~8호 닭을 사용하지.

원래 해외에서는 닭을 2.7kg까지 키워서 잡지만
우리나라 소비자들은 부분육보단
닭 한 마리를 선호하고,

또 닭이 너무 크면 질겨지고 맛도 없어서
1kg쯤 되면 바로 잡아먹는 거지.
근데 이때까지 크는 데 얼마나 걸리게?

일단 닭의 사육 환경이
그렇게 좋은 편이 아니라서
오래 키우면 폐사할 확률이 높아지게 돼.
그래서 GMO 사료나 성장촉진제, 항생제 등을
많이 먹이면서 키우는데

이렇게 한 달 정도만 자라면
우리가 먹는 치킨 크기가 되는 거지.

근데 닭이 원래 얼마나 오래 사는지 알아?
보통 5년에서 10년을 살고
정말 건강하면 30년까지도 사는 동물인데,
우리는 이걸 한 달 만에 먹는 거잖아.
사실 우리가 먹는 치킨은 제대로 된 닭이 아니라
엄청 빨리 커버린 왕병아리인 거지.

이렇게 생각하니까 닭에게 너무 미안해지네!
그런 의미에서 오늘은
고맙고 미안한 마음으로 황금올리브를 먹어야지!

88:88

야한 생각을 하면
머리가 빨리 자랄까?

⏱ 1 딱 1분만
집중해서 읽어봐

다들 미용실 가서 머리 이상하게 자르고 나면
'머리 빨리 자라는 법'을
네이버에서 한 번씩 검색해봤잖아.
그럼 꼭 나오는 것이
"야한 생각 하면 머리가 빨리 자란다"는 말이거든.
근데 이게 진짜일까?
결론부터 말하자면
전혀 과학적으로 증명된 게 아니야.

먼저 머리카락은 안드로겐이나 에스트로겐 같은
성호르몬의 영향을 받거든.
여자는 임신이나 피임약의 영향으로
호르몬에 변화가 생기면 모낭이 늘어나서

진짜 머리카락이 빨리 자랄 수도 있긴 하대.
근데 야한 생각만으로 머리가 빨리 자란다는 건
학술적으로 전혀 증명된 바가 없지.
반대로 남자는 안드로겐이 많아지면
겨드랑이나 턱 등에는 털이 많아지는데
오히려 머리카락은 가늘어지거나 빠진다고 하더라고.

따라서 성호르몬이 머리카락의 변화에
영향을 미친다는 말 자체는 맞지만
널리 퍼져 있는 그 소문은 사실이 아니야.

또 이렇게 머리 빨리 기르고 싶어서
거울 보고 열심히 고민하고 있으면
옆에 엄마가 오셔서
잠이나 일찍 자라고 하시잖아.
그럼 머리가 빨리 자란다고 덧붙이시면서.

근데 이것도 사실이 아니야.
머리가 가장 잘 자라는 시간은
아침부터 오전 11시까지로,
잠자는 시간과는 크게 관계가 없거든.

난 머리가 너무 빨리 자라서 눈치 보였는데,
그런 게 아니라니 정말 다행이야.

🮱🮱:🮱🮱
왜 9월생이
가장 많을까?

출생 통계를 살펴보면
서구권은 9월생이 가장 많아.
왜 9월에 태어나는 아이들이 가장 많은 걸까?
이게 과학적인 이유가 있더라고.

우선 9월에 아이가 태어나려면
11월 하순에서 1월 초에 임신을 했다는 건데,
뭔가 시기가 묘하지 않아?
크리스마스 시즌이 중간에 끼어 있지.
날씨가 엄청 추운 겨울철에는
연인이나 부부간의 친밀함이 커지고,
크리스마스 시즌이 끼면서
일상과는 다른 무드에 빠지는 거지.

또 생물학적인 이유도 있어.

겨울철에 해 뜨는 시간이 짧아지면서

남성의 정자 상태가 여름철보다 좋아진대.

동시에 여성의 난자 수용성도 더 우수해져서

겨울에 임신할 확률이 높아지는 거지.

실제로 체외수정시술 성공률도
겨울이 더 높다는 연구 결과가 있어.

근데 9월생이 많은 건 아까 서구권 기준이라고 했잖아.

사실 우리나라에선 1~3월 정도의

연초 출생률이 가장 높은데,

이건 우리나라 정서상 봄에 결혼식을 많이 해서

허니문 베이비가 생긴 경우도 있고,

또 취학 시기를 늦추려고

12월 출생을 1월로 미루거나

계획적으로 연초에 낳는 경우들이 있어.

1월에 태어난 아기나

12월에 태어난 아기나 똑같이 입학하니까

학습능력이 부족할 수도 있어서

천천히 보내려고 하는 거지.

88:88

물건을 들 때
새끼손가락이 들리는 이유

1 딱 1분만
집중해서 읽어봐

보통 우리가 컵을 들 때나

좀 작은 물체를 들고 있을 때

나도 모르게 새끼손가락을 들게 돼.

왜 그러는 걸까?

신기하게 많은 사람이 이런 습관을 갖고 있잖아.

근데 이게 과학적인 이유가 있더라고.

우리 다섯 손가락의

해부학적인 신경구조를 잘 살펴보면

손가락에는 정중신경과 요골신경,

그리고 척골신경이라는 3개의 신경이 있어.

여기서 정중신경은 손바닥을 지나서

엄지, 검지, 중지, 약지로 퍼져 있고

요골신경은 손등을 지나서 손가락 4개로 퍼져 있지.
그래서 이 4개는 한꺼번에 움직이기도 쉽고,
비교적 강한 힘을 동시에 줄 수도 있어.

그런데 새끼손가락은 척골신경이 지배하고 있는데,
척골신경이 새끼손가락에 주로 작용하고
또 약지에도 약간 영향을 주거든.
그래서 새끼손가락을 움직이려면
별도의 명령이 필요한 거야.

보통 무의식적인 상태에서
작은 물체를 들어 올릴 땐
새끼손가락을 굳이 사용할 필요도 없고,
힘도 안 들어가니까 혼자 따로 노는 거지.
신체가 그냥 그렇게 생겨먹은 것이라서
갓난아이도 젖병을 잡을 때
새끼손가락이 벌어지게 돼.

또 이런 경향은 여자에게서 더 잘 나타나는데
이건 남성에 비해 여성의 척골신경이
더 약해서 그런 거지.

귀여운 척하는 거 진짜 아닌데
왜 사람 말을 안 믿어.

88:88

왜 하필 '홍콩 간다'고
말하는 걸까?

1 딱 1분만
집중해서 읽어봐

"홍콩 간다"는 말 들어봤어?
좀 야리꾸리한 뜻으로 쓰이는 언어잖아.
왜 굳이 홍콩인가 했더니
이게 이유가 있더라고.
정설은 아니지만 2가지 이론이 있어.

첫 번째 추측으로는
우리나라의 1960년대 시대상 때문이라는 말이 있어.
저맘때 우리나라는 먹고살기도 어려워서
해외여행은 꿈도 못 꾸던 시절이었거든.
당연히 먼 국가들은 갈 수가 없었는데
그나마 가까운 일본은 해방 이후 사이가 안 좋았고,
중국은 공산국가라서 좀 그랬을 거잖아.

그런데 영국령이었던 홍콩은
멀지 않으면서 관광지로 굉장히 유명해서
해외여행을 꿈꾸는 사람은
홍콩을 가장 먼저 떠올렸거든.

이렇게 선망의 대상이 되면서
'홍콩 간다'는 말이
기분이 엄청 좋다는 뜻으로 쓰이기 시작했어.
그러다가 지금처럼 의미가 바뀌었다는 거지.

두 번째 추측으로는
홍콩이라는 지역의 특색 때문이라는 말이 있어.
홍콩은 서구 문화를 빠르게 받아들이면서
동서양의 요소가 섞여
매력적인 문화로 재탄생했어.
그래서 신기한 즐길 거리가 엄청나게 많고,
특히 야경이 아름답기로 유명하지.
이렇게 유흥과 쇼핑의 천국이라는
화려한 이미지가 있어서
그런 성적인 의미가 부여되었다는 거지.

옛날이야 홍콩 한 번 가기가 그렇게 힘들었지만
지금은 홍콩 가는 것보다
비행기 타고 홍콩 가는 게 더 쉽지 않을까.

88:88
깔끔하지 않은 가격인
990원의 비밀

🕐 1 딱 1분만
집중해서 읽어봐

마트에서 뭘 사려고 보면
왜 항상 990원이나 9,900원으로 끝나는 걸까?
이게 경제학적인 이유가 있더라고.

다들 으레 예상했다시피
가격이 저렴해 보이려는 목적이야.
제품 가격의 끝자리를 짝수 대신 홀수로 표시하면
뭔가 저렴하다는 인식을 주게 되거든.
이걸 '단수가격 전략'이라고 불러.

또 대부분의 사람이 숫자를 왼쪽에서 오른쪽으로 읽잖아?
그럼 습관적으로
가장 왼쪽 숫자가 기억에 남게 되고,

20,000원과 19,900원 중에서
후자가 훨씬 저렴하다고 인식하는 거지.

또 이런 매출 증대 전략과 별개로
직원들의 횡령을 막기 위해서라는 말도 있어.
만약 물건 가격이 딱 1만 원이라면
손님은 1만 원짜리 지폐를 건넬 거고,
그걸 직원이 그냥 포스기에 넣지 않고
몰래 슬쩍할 수도 있거든.
매장에서 없어진 물건은
손님이 훔쳐 갔다고 둘러대면 그만이니까.
그런데 9,900원짜리면
손님이 1만 원짜리를 낼 때
동전을 거슬러줘야 하잖아.
이때 포스기를 열 수밖에 없고,
그러니 매출액으로 찍히게 돼.
그럼 직원들이 슬쩍할 수가 없지.

참고로 요즘엔 900원으로도 모자라서
"단돈 39,800원!" 이런 것처럼
800원으로 끝나는 것도 많아.
이게 부모님과 쇼핑할 땐 좀 이득이거든.

얼마냐고 물어보실 때
"어… 만 얼마?" 하면 더 싸 보이는 거 다들 알지?

88:88

왼손잡이는
진짜 똑똑할까?

1 딱 1분만
집중해서 읽어봐

왼손잡이는 머리가 좋다는 말,

살아오면서 많이 들어봤지?

뉴턴, 아인슈타인, 나폴레옹, 빌 게이츠부터

많은 미국 대통령까지 왼손잡이들이 상당히 많아.

왼손잡이는 10%에 불과한데

유능한 인사가 그 비율보다 많은 걸 보면

진짜 왼손잡이는 머리가 좋은 걸까?

결론부터 말하자면 실제로 그런 경향이 있어.

선천적으로 왼손잡이일 때

지능의 차이가 있는지 연구를 했는데,

여기선 의미 있는 차이가 나타나진 않았어.

특별히 좋은 지능을 타고난 건 아니지만
사회에서 성장하다 보면 이야기가 달라지지.

대부분이 오른손잡이인 세계에선
볼펜으로 글을 쓸 때도
자동차 운전을 할 때도
컴퓨터 마우스를 잡을 때도
왼손잡이는 불편함이 존재해.
그럼 자연스럽게 문제를 해결하기 위해
자기에게 맞는 방법을 찾아나가거든.
남들이 알려주지 않은 여러 가지 방법으로
문제 해결 능력을 기르게 되는 거지.

뿐만 아니라 왼손잡이를 보는 편견 속에서
의연하게 살아가야 하니까
의사소통 능력도 길러진다고 하더라고.
이 과정에서 왼손잡이는 양손잡이가 되는 경우도 많아서
좌뇌와 우뇌를 더 많이 활용한다는 연구 결과도 있어.
모든 왼손잡이가 그런 건 아니지만
확률적으로 그 비율이 높아진다는 거지.

그렇다고 오른손잡이가
상대적으로 멍청하다는 말은 아니야.
오른손잡이인 나를 보면 알 수 있지.

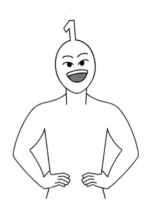

🔢 교과서 주인공은
왜 철수와 영희일까?

⏱ 1 딱 1분만
집중해서 읽어봐

몇 년 전에 한 설문조사를 시행했는데
'초등학교 1학년 국어 교과서에 등장하는
주인공의 이름은 무엇인가?'라는 질문에
대부분의 사람이 '철수'와 '영희'라고 대답했어.

왜 하필이면 '철수'와 '영희'라는 이름을 사용한 걸까?
많은 사람이 이게 가장 흔한 이름이라서
그런 것이라 생각하고 있지만 사실은 그게 아니야.

1945년부터 2000년까지
태어난 아이들의 이름을 살펴보면
남자는 영수·영호·영철·정훈 등의 이름이
높은 순위를 차지했고,

철수라는 이름은 아예 10위 안에 들지도 못했어.

여자의 경우에는

영자·미경·미영·지영 등의 이름이 많았고,

1등은 아니지만 영희도 순위에 있긴 했지.

이걸 보면 철수와 영희가

가장 흔한 이름까진 아니었는데

보통 교육 과정에는

유명인이나 연예인의 이름을 쓰지 않도록

권고하고 있어서

사람들에게 친숙하면서도

너무 관심이 쏠리지 않는 이름으로

철수와 영희라는 이름이 쓰인 게 아닌가 추측할 수 있어.

철수라는 이름은

사실 이것 때문에 더 유명해지기도 했지.

처음 저 이름들이 등장했을 땐

'철수'와 '영희'가 아니라 '철수'와 '영이'였고,

바둑이도 함께 등장했었어.

우리가 딱 떠오르는 이 그림들은

바로 김태형 화백께서 그리신 작품들이지.

근데 이제 철수와 영희가 안 나온다며?

그럼 도대체 누가 나오는 거야?

88:88

꿈은 이루어질까?
꿈은 반대일까?

1 딱 1분만
집중해서 읽어봐

라떼 2002 월드컵을 알진 모르겠지만
이때부터 '꿈★은 이루어진다'라는 문구가
폭발적으로 유행하기 시작했어.
근데 "꿈은 반대"라는 말도
오래전부터 유행하던 말이라 다들 알고 있을 거야.
이 둘은 완전히 어긋나는데
과연 뭐가 진짜일까?

19세기 말, 지그문트 프로이트라는
정신과 의사에 의해 꿈이라는 게
정신분석학적으로 연구되기 시작했어.
프로이트는 꿈에 의미가 담겨 있는 건 물론
그 꿈을 통해 인간의 무의식에

접근할 수 있다고 생각했거든.
그는 꿈이라는 건 현실 세계의 본능적인 욕구나
무의식적인 소망들이 변형되어
나타나는 것이라고 말했어.

이런 꿈에 대한 기본적인 이론이
지금까지도 꽤 정설로 내려오고 있거든.
이걸 기반으로 꿈을 해석하는 거지.
가령 내가 취업을 준비하는 중인데
꿈에서 어떤 피라미드에 끌려가서
벽돌을 쌓으며 엄청 괴로웠다고 해보자.

이건 안 좋은 꿈이라고 볼 수도 있지만
내가 취업에 성공해서 일하고 싶다는
강한 열망이 드러난 것일 수도 있거든.
이렇듯 열망이 강하다면
취업에 성공할 가능성이 크고
그렇게 되면 꿈이 이루어진다고 판단하는 거지.

따라서 꿈은 이루어지고 말고의 문제라기보단
현실을 기반으로 어떻게 해석하는지의 문제야.

이래서 내가 있지도 않은 남친이
바람피우는 꿈을 계속 꾸는 건가봐.

88:88
샤워할 때
노래를 부르는 이유

1 딱 1분만
집중해서 읽어봐

샤워를 하다 보면 나도 모르게 노래가 나오잖아.

나만 그런 거 아니지?

아무튼 샤워할 때 사람들이 노래를 부르는

과학적인 이유가 있더라고.

일단 화장실에서 노래가

더 잘 불러지는 것처럼 느껴지는데,

이건 파동과 관련된 물리학적 원리 때문에 그런 거야.

보통 방에는 가구나 물건들이 많아서 소리를 다 흡수하지만

화장실은 매끈한 타일로 된 벽이 대부분이잖아.

그래서 소리를 더 잘 반사하게 되고,

그럼 목소리가 울리면서

마치 노래방 같은 분위기가 만들어지는 거야.

또 소리가 생성된 후에
메아리처럼 계속 울리는 소리를
전문용어로 '잔향'이라고 하거든.
화장실에서는 이 잔향이 더 오래 머물면서
나도 좀 노래를 잘 부르는 것처럼
충만감과 뿌듯함이 느껴지게 하지.

그리고 원래 사람이 노래를 부르면
스트레스 호르몬인 '코르티솔'이 감소하는데
사실 다른 사람이 있으면
창피해서 노래를 안 부르잖아.
근데 욕실의 샤워부스는 나만의 공간,
독립적인 공간이라는 인식이 있으니까
부담감 없이 노래를 부르는 거지.

실제로 샤워할 때 노래를 부르는 습관이 있으면
스트레스와 불안감이 줄어들고,
기억력도 좋아지고 사회성도 높아진대.
이런 이유들로 사람들이 샤워하면서
본능적으로 노래를 부르는 건데,
우리 윗집인지 아랫집인지
핸드클랩(HandClap) 제발 멈춰!
박수 소리까지 너무 잘 들린다고!

88:88

헬륨가스를 마시면
왜 목소리가 변할까?

**1 딱 1분만
집중해서 읽어봐**

헬륨가스를 마시면

목소리가 이상하게 변하잖아.

뭔가 음성 변조를 한 것처럼 바뀌지.

그 이유가 뭘까?

이건 진짜 과학적인 이유가 있어.

헬륨은 수소 다음으로 가벼운 원소라서

우리가 보통 마시는 공기에 포함되어 있는

산소나 질소보다 훨씬 가볍지.

그래서 헬륨가스의 밀도가 훨씬 낮은데

0도에서 공기의 밀도는 1.29g/L,

헬륨가스는 0도에서 0.178g/L거든.

소리가 들리기 위해선

입자가 진동하면서 에너지를 전달해야 하는데
매질의 밀도가 낮으면 이 진동수가 높아지거든.
그래서 헬륨가스를 마신 상태에서 말을 하면
소리의 진동수가 공기보다 2.7배나 높아지지.
즉 평소 목소리보다
음이 2.7 정도 높게 나오는 거야.

그럼 원래 '도' 음을 낼 때
'파' 정도의 소리가 나온다는 건데
이렇게 들어서는 잘 이해가 안 되지?
우연히 헬륨가스가 주변에 있어서
내가 좀 마셔봤어.
평소에 내가 목소리 톤이 좀 낮은 편인데,
헬륨을 마셨더니
목소리가 좀 높아진 것 같아.

이렇게 목소리가 바뀌는 현상을
'도날드 덕 효과'라고 불러.
디즈니 캐릭터인 도날드 덕 목소리와
비슷해진다고 해서 붙은 이름이지.

여기서 문제 하나!
애플 컴퓨터를 쓰고 있는 오리를 뭐라고 하게?
맥도날드!

88:88

남녀 옷의 단추 위치는 왜 다른 걸까?

1 딱 1분만 집중해서 읽어봐

남자 옷이랑 여자 옷은

단추 위치가 다른 거,

혹시 알고 있어?

보통 남자 옷은 단추가 오른쪽에 달려 있고,

여자 옷은 단추가 왼쪽에 달려 있어.

이게 왜 이렇게 정해진 걸까?

사람들이 말하는 몇 가지 이론이 있는데

그중 첫 번째는 무기 사용을 근거로 들고 있어.

서양의 기사들은

보통 치렁치렁한 장옷을 입고 다녔잖아?

그럼 전투에서 칼을 뽑을 때 옷이 걸리적거리거든.

보통 사람들은 오른손잡이니까

급박한 상황에서 빨리 칼을 뽑거나 총을 뽑기 위해,
왼손으로 옷을 뜯고 오른손으로 무기를 들기 위해,
단추가 오른쪽에 있다고 주장하고 있어.

두 번째는 여자들이 모유 수유를 하기 때문이라고 말하는데,
보통 아이를 안을 때 왼팔로 아기 머리를 받치고
오른팔로 아이를 감싸거나 케어하거든.

그럼 모유를 수유하기 위해 단추를 풀 때
오른손을 사용하는 게 더 편한 거지.

세 번째는 상류층 여성 귀족들의
옷차림에 주목하고 있어.
옛날의 귀부인들은 엄청 화려한 옷을 입었잖아.
보통 이런 옷들은 다 하인들이 입혀주는데
귀부인들의 옷에는 단추가 진짜 많았거든.
하인도 오른손잡이가 많으니까
단추를 채워줄 때 왼쪽에 단추가 있는 편이
더 빠르게 작업할 수 있었대.

이런 많은 이유들이 모여서
지금처럼 단추 위치가 굳어졌다고 추측하고 있어.
그런데 여자인 내가 옷장 뒤져봤는데
단추가 오른쪽에 달린 옷들은 대체 뭘까?

88:88

밥을 먹고 나면
너무 졸린 이유

1 딱 1분만
집중해서 읽어봐

왜 밥을 먹고 나면
그렇게 꾸벅꾸벅 졸린 걸까?
식사 후에 식곤증이라고 해서
오후 2~3시쯤 되면 잠이 쏟아지잖아.
근데 이게 과학적인 이유가 있더라고.

일단 그 전날에 잠을 얼마나 잤는지와는
큰 관계가 없어.
식곤증은 밥을 먹고 나서
신체에서 일어나는 소화 과정 때문인데,
위에 음식물이 들어오면 그걸 분해해야 하니까
위산을 분비하면서 운동을 시작해.
음식물을 죽 상태로 만들어서

간에서 분해하기 좋은 상태로 만드는 거지.
이렇게 위장이 운동을 하려면
위장 벽에 붙은 근육이 활발하게 움직여야 하거든.

자, 여기서 자율신경의 개념을 알아야 해.
먼저 교감신경이랑 부교감신경이라는 게 있는데,
간단하게 설명하면
교감신경은 신체를 긴장시키는 거고
부교감신경은 신체가 이완되는 거야.
이 둘은 항상 적절하게 균형을 이루고 있는데,
위장 근육을 움직이는 건 부교감신경에 속하거든.
그럼 소화를 시키다 보면
상대적으로 교감신경은 작용이 줄어들겠지.
이 말은 몸이 긴장을 안 하고 자꾸 풀어진다는 말이고,
그렇게 생긴 결과물이 바로 식곤증이야.

먹은 음식이 많을수록
이 현상이 더 극명하게 나타나고
또 음식에 많이 들어 있는
트립토판이라는 아미노산도
식곤증을 유발하는 요소 중 하나지.

"난 밥을 먹으면 특히 더 졸리다" 하는 사람 있잖아.
그건 네가 밥을 너무 많이 먹어서 그런 거 아닐까?

비타민을 먹으면
왜 오줌이 노란색이 될까?

딱 1분만
집중해서 읽어봐

우리가 공부를 하거나 일을 할 때

부모님이 고생한다며

비타민 영양제 같은 거 챙겨주시지?

근데 그거 먹고 화장실을 가면

진짜 진한 노란색 오줌이 나오잖아.

비싼 비타민을 먹었는데

오줌으로 싹 다 버려버리는거 아닌지 싶어서

아까워할 한국인들 많지?

하지만 오줌으로 배출되는 비타민을

아까워할 이유는 전혀 없어.

우리 신체에서 오줌을 만드는 과정을 알게 되면

그 이유를 알 수 있지.

우리 몸에 있는 피에는

정말 여러 가지가 들어 있어.

그중에서는 노폐물도 있지.

근데 이런 노폐물이 혈관에 계속 쌓이게 되면

몸에 정말 좋지 않겠지.

그래서 신장에서 피를 걸러주는 거야.

정수기처럼 말이지.

그런데 피에는 노폐물만 있는 건 아니야.

우리 몸에 필요한 영양소도 들어 있지.

당연히 이 영양소는 걸러내지 않고 인체로 다시 흡수시켜.

그런데 이 영양소를 재흡수하는 데는 용량의 한계가 존재해.

그래서 우리가 먹은 비타민이 너무 많다면,

신장에서 할 수 있는 최대 용량의 영양소를 흡수하더라도

그 일부가 오줌으로 다시 배출되는 거야.

이때 비타민C는 오렌지색이고,

비타민B의 리보플라빈은 노란색이라,

오줌 색이 그렇게 보이게 되는 거야.

한마디로 비타민을 먹고 오줌 색이 노란색이라면

우리 몸에서 흡수할 수 있는

거의 최대의 영양소를 흡수했다고 보면 돼.

아까워할 게 아니라 매우 흡족할 일이지.

근데 더 강한 비타민제는

노란색을 넘어 형광색 오줌이 나온다더라고!

88:88

스트레스를 받으면
왜 매운 게 먹고 싶을까?

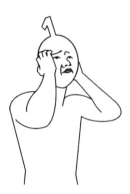

⟲ 1 딱 1분만
집중해서 읽어봐

안 좋은 일, 열 받는 일이 생기면

매운 게 유난히 땡긴다고 하잖아.

왜 스트레스를 받으면

매운 게 유난히 더 먹고 싶을까?

이것도 과학적인 이유가 있더라고.

매운맛은 사실 어떤 '맛'이라고 할 수는 없어.

우리는 매운 음식을 먹을 때

미각 세포를 통해서 맛을 느끼는 게 아니라

통증을 느끼는 감각과 온도를 느끼는 감각을 통해

자극을 느끼게 돼.

뜨겁거나 아픈 느낌을 매운맛이라고 착각하는 거지.

우리 몸은 매운 음식을 먹고
입안에서 고통을 느끼는 순간
엄청난 스트레스를 받게 되고,
이 스트레스를 상쇄시키기 위해서
엔도르핀과 같은 즐거움을 느끼는
신경전달물질을 분비해.
매운 걸 먹었을 때의 고통은
그렇게 길게 지속되지 않지만
엔도르핀으로 좋아진 기분은 오래 지속되니까
매운 걸 먹는 게 이득이라는 생각이 드는 거야.
이런 상황이 반복되다 보면
스트레스를 받았을 때 우리 몸은 자연스럽게
이를 해소하는 방법으로 매운 걸 찾게 돼.

그뿐만 아니라 대부분의 매운 음식은 빨간색인데,
이런 빨간색은 감각신경을 자극해서 혈액순환을 촉진하고
이게 침이 생기도록 도와줘서 식욕을 돋우거든.
이런 이유로 우리가 빡이 칠 때마다
매운 음식들이 눈앞에 아른거리는 거지.

하지만 스트레스를 받는다고 해서
계속 매운 걸 먹다 보면 더 매운 걸 찾게 되고
결국 위나 식도 등에 무리를 줄 수 있어.

스트레스를 풀겠다고 매운 걸 먹긴 하는데
매운 걸 또 오지게 먹어서 스트레스가 다시 쌓이는 듯!

88:88

손톱은
왜 금방 자랄까?

1 딱 1분만
집중해서 읽어봐

생각지도 못하다가 내 손톱에 내가 베이고
저번에 깎았는데 또 어느새 길어졌잖아.
귀찮게 뼈 같은 게 왜 계속 자라서 성가시게 하는 걸까?
이게 다 과학적인 이유가 있더라고.

손톱이 뼈라고 알고 있는 사람들이 많은데
사실은 그렇지 않아.
손톱은 케라틴이라고 불리는
단백질로 구성된 세포 덩어리야.
쉽게 말해 엄청 딱딱한 피부라는 거지.

사람의 손과 발은 어딜 딛거나 집는 역할을 하면서
손가락과 발가락 끝에 힘이 집중되지.

여기서 손가락뼈만으로는 힘을 제대로 줄 수 없어서
닿는 면적의 반대 방향에
손톱과 발톱이 자라나는 거야.

또한 과거에는 이런 손톱과 발톱으로
적을 공격하는 데 사용하기도 했어.
심지어 비누도 없던 그 옛날 사람들의
손과 발은 진짜 더러웠겠지?
그런 손톱 아래의 더러운 세균들은
적의 상처에 감염병을 만들기도 했어.
손톱은 생각보다 강력한 무기였던 거야.

그런데 이런 손톱은 외부에 있으므로
시간이 지나면서 당연히 닳고 사라져.
우리가 목욕탕 가서 때를 밀면
다음에 때가 또 나오는 것처럼,
손톱도 닳아 없어져서 손이 상처받지 않게
손톱 바탕 질이라는 곳에서
손톱 세포를 끊임없이 무한리필해주는 거야.

쉽게 생각해서, 바닥에 떨어진 동전을 주울 때
손톱이 짧았던 적 있어?
손톱이 아예 없었으면
동전 줍는 데만 하루 종일 걸렸을 거야.

00:00

관상은
정말 과학일까?

1 딱 1분만
집중해서 읽어봐

요즘 이런저런 사건이 터지면
우스갯소리로 하는 말이 있지.
"관상은 과학이다!"
"관상이 싸한 게 그럴 줄 알았다!"
옛날부터 사람들이 관상을 많이 믿긴 했는데,
심지어 삼성을 창업한 이병철 회장도
처음에는 사주와 관상을 보고 인재를 뽑았대.

흔히 관상가들은
"사람의 습관과 마음 씀씀이가
빠짐없이 얼굴에 기록되어 있고
그것을 알아내는 게 관상술이다"라고 하는데,
진짜 관상이 과학일까?

현재로서는 절대 과학이라고 할 수 없어.
해부학자들이 말하길 자주 짓는 표정에 따라
얼굴 근육이 다르게 발달할 수는 있지만
그걸로 흔히 말하는 관상에 영향을 주는지는
과학적으로 설명할 수 없다고 하더라고.

유전공학계에서는 염색체상에
외모와 성격을 결정짓는 유전자가
연관되어 있을 가능성이 있다고는 하지만
아직 현대 과학은
그걸 명확하게 설명할 수 있는 수준이 아니래.

결론적으로 관상이 과학일 수도 있긴 하지만
현재까지는 아무도 그렇게 말할 수 없다는 거지.

근데 관상이 과학이라고 주장하는 사람 중에선
관상과 인상의 차이를
잘 구분하지 못하는 사람도 많아.
그냥 인상이 마음에 안 들면
관상이 안 좋다는 사람들이 많던데,
어쩌면 천재라서
보자마자 간파했을 수도 있겠지?
우리나라엔 진짜 관상가가 많은 것 같아.

88:88

눈을 감으면 보이는 얼룩은 뭘까?

1 딱 1분만 집중해서 읽어봐

눈을 감았을 때
가끔 알 수 없는 이상한 무늬가
눈앞에 아른거린 적 있지?
왜 이런 현상이 생기는지 알아보려면
먼저 어떻게 눈이 빛을 인지하는지 알아야 해.

빛이 눈으로 들어가면
뒤에 있는 망막에 도달하는데,
그럼 망막에 있는 광수용기가
빛을 전기신호로 바꿔.
이 전기신호는 뇌로 전달되고
뇌는 이걸 받아들여
무언가를 본다는 걸 인지하는 거지.

여기서 제일 중요한 건 망막이야.
망막이 아무것도 인지하지 못하면
말 그대로 장님이 되는 건데,
또 중요한 건 아무것도 없는데
뭔가의 자극을 받는다면
오히려 아무것도 없는데 보이는 일이 생기는 거지.

망막을 자극하는 대표적인 방법은 빛이지만,
빛 말고도 충분히 자극을 줄 수 있거든.
눈을 세게 감거나
눈을 당기거나
눈을 비벼보면

물리적인 자극을 받으면서
이상한 그림들이 보이게 되는 거야.

이걸 좀 더 확실하게 보고 싶으면,
눈을 감고 아주 가볍게 눌러봐.
그럼 자극이 심해져서 더 잘 보이겠지?
근데 여기서 만약 눈을 감지 않거나 누르지 않아도
이상한 그림들이 많이 보인다면
안구에 질환이 생긴 것일 수도 있어.

이렇게 보이는 게
전생의 모습이라는 미신도 있었는데
난 반짝반짝 빛나는 공주님이 보이는걸?

■ **독자 여러분의 소중한 원고를 기다립니다** ─────────────────

메이트북스는 독자 여러분의 소중한 원고를 기다리고 있습니다. 집필을 끝냈거나 집필중인 원고가 있으신 분은 khg0109@hanmail.net으로 원고의 간단한 기획의도와 개요, 연락처 등과 함께 보내주시면 최대한 빨리 검토한 후에 연락드리겠습니다. 머뭇거리지 마시고 언제라도 메이트북스의 문을 두드리시면 반갑게 맞이하겠습니다.

■ **메이트북스 SNS는 보물창고입니다** ─────────────────

메이트북스 홈페이지 | matebooks.co.kr

홈페이지에 회원가입을 하시면 신속한 도서정보 및 출간도서에는 없는 미공개 원고를 보실 수 있습니다.

메이트북스 유튜브 bit.ly/2qXrcUb

활발하게 업로드되는 저자의 인터뷰, 책 소개 동영상을 통해 책에서는 접할 수 없었던 입체적인 정보들을 경험하실 수 있습니다.

메이트북스 블로그 blog.naver.com/1n1media

1분 전문가 칼럼, 화제의 책, 화제의 동영상 등 독자 여러분을 위해 다양한 콘텐츠를 매일 올리고 있습니다.

메이트북스 네이버 포스트 post.naver.com/1n1media

도서 내용을 재구성해 만든 블로그형, 카드뉴스형 포스트를 통해 유익하고 통찰력 있는 정보들을 경험하실 수 있습니다.

STEP 1. 네이버 검색창 옆의 카메라 모양 아이콘을 누르세요.   STEP 2. 스마트렌즈를 통해 각 QR코드를 스캔하시면 됩니다.
STEP 3. 팝업창을 누르시면 메이트북스의 SNS가 나옵니다.